El mercado de valores avanzado y la guía de negociación diaria

Aprenda cómo puede operar en el día y comenzar a invertir en acciones para ganarse la vida, siga las estrategias para principiantes para negociar acciones, bonos, opciones y divisas de Penny.

Por Elias Vazquez

“El mercado de valores avanzado y la guía de negociación diaria: Aprenda cómo puede operar en el día y comenzar a invertir en acciones para ganarse la vida, siga las estrategias para principiantes para negociar acciones, bonos, opciones y divisas de Penny.” escrito por “Elias Vazquez”

El mercado de valores avanzado y la guía de negociación diaria es una colección de los dos libros “La guía avanzada de inversiones en el mercado de valores”, & “La guía avanzada para el Day Trading”.

¡Espero que lo disfruten!

La guía avanzada de inversiones en el mercado de valores

Siga esta guía paso a paso para principiantes de la compraventa para aprender cómo negociar acciones de micro capitalización, bonos, opciones, divisas y acciones; ¡a convertirse en un operador bursátil Hoy!

Por Elias Vazquez

Tabla de contenido

Introducción

Felicitaciones por haber comprado "***La Guía avanzada de inversión en el mercado de valores***: *Siga esta guía paso a paso para principiantes de la compraventa para aprender cómo negociar acciones de micro capitalización, bonos, opciones, divisas y acciones; a convertirse en un corredor de bolsa Hoy!*" Se tuvo mucho cuidado al garantizar que la información contenida en este documento no solo sea útil sino relevante.

Las siguientes páginas contienen una gran cantidad de información y consejos aplicables que el individuo promedio puede poner en práctica para convertirse en un comerciante de acciones. Dado que este es un tema bastante extenso, el contenido de cada capítulo se ha reducido a su esencia. Esto significa que no hay relleno; solo lo bueno.

Además, se ha tenido mucho cuidado para garantizar que los conceptos descritos a lo largo de este libro se expliquen en un lenguaje claro y conciso que carece de jerga comercial complicada. Como tal, este libro no se trata de parecer inteligente, ¡se trata de ser inteligente!

Estoy seguro de que ha elegido este libro porque está interesado en descubrir cómo puede ganar más dinero del que gana hoy. ¡Y no hay nada malo en ello! De hecho, encomio su deseo de ganarse una vida mejor y proporcionar una mejor calidad de vida a sus seres queridos.

El objetivo principal de este libro es para ofrecerle una guía llena de información relevante que le permitirá convertirse en un corredor de bolsa y realmente hacer dinero.

Si usted está buscando ejemplos prácticos de cómo funcionan los mercados financieros, entonces has venido al lugar correcto.

Cada capítulo cubre un área fundamental del comercio bursátil.

Primero, analizaremos de cerca la importancia de invertir y cómo puede ganar dinero en los mercados financieros al elegir sabiamente sus inversiones.

A continuación, vamos a tener una discusión en profundidad o los diferentes instrumentos de inversión disponibles para usted. Esto significa que aprenderá cómo funcionan estas inversiones, las dificultades que conlleva y cómo puede ganar dinero.

Seguidamente, analizaremos las operaciones diarias. Este es un capítulo clave, ya que le permitirá tener una buena idea de lo que se necesita para convertirse en un operador bursátil. A través del análisis y la comprensión, podrá determinar y decidir si el comercio diario es para usted.

Si cree que el comercio diario no es lo suyo, también hay dos capítulos basados en estrategias de inversión que puede implementar sin ensuciarse las manos. Estas estrategias están destinadas a poner su dinero a trabajar sin ocupar demasiado tiempo.

Además, analizaremos cómo la legislación y los impuestos pueden desempeñar un papel en su estrategia de inversión. En particular, tendremos una discusión en profundidad sobre cómo las prácticas de inversión imprudentes condujeron a la crisis financiera de 2008.

Finalmente, repasaremos la vida de algunos de los inversionistas más famosos de la historia. Las historias de estas personas están destinadas a inspirarte, pero también a proporcionarte modelos a seguir que puedes emular. Estos no son corredores de bolsa extravagantes como los que se ven en las películas de Hollywood. Estas son personas comunes que lo hicieron grande a través del trabajo duro y la inversión inteligente.

Por lo tanto, ¿qué estás esperando?

¡Entremos y aprendamos cómo convertirnos en un operador de bolsa hoy!

Capítulo 1: La importancia de invertir

"El dinero no crece en los árboles. "

¿Alguna vez has escuchado esa expresión? Estoy seguro de que sí.

Y es verdad.

Sin embargo, el dinero crece, solo que en un sentido diferente.

La mayoría de las personas obtienen dinero a través de sus trabajos. Cuando una persona consigue un trabajo, recibe una compensación por el trabajo que realiza. Cualquiera sea el trabajo que se haga, la persona recibe una suma de dinero a cambio.

Ese dinero se utiliza para adquirir los bienes y servicios necesarios para vivir. Algunas personas logran ahorrar algunas de sus ganancias a fin de mes, algunas llegan a un punto de equilibrio y otras están en un hoyo.

Este ciclo de trabajo por dinero vincula las ganancias de un individuo a su trabajo. Entonces, cuanto más trabajan, más ganan al menos en teoría.

Algunas personas optan por pasar la vida trabajando, pagando sus impuestos y tal vez cobrando una pensión al final de su carrera.

Otras personas optan por gastar todo su dinero y terminar siendo pobres al final de sus vidas productivas.

Otras personas optan por invertir parte de su dinero.

En términos económicos, invertir es el resultado del ahorro. Cuando una persona ahorra dinero, esa cantidad excedente de dinero es elegible para la inversión, ya que la persona realmente no necesita gastar. Si lo hicieran, entonces no lo habrían ahorrado.

A menos que un individuo elija cavar un hoyo en el suelo y enterrar sus ahorros, el dinero tiende a encontrar su camino hacia los inversionistas.

Un ejemplo simple de esto es dejar dinero en el banco.

El dinero que se deposita en una cuenta bancaria llegará a los inversionistas a través de lo que se denomina "préstamos de reserva fraccionaria".

Este concepto indica que el dinero depositado por los clientes en un banco es elegible para ser prestado a otros clientes. Entonces, cuando un cliente acude al banco y solicita un préstamo, el banco puede prestar el dinero depositado por los otros clientes.

Por ley, los bancos están obligados a mantener una fracción de ese dinero en la bóveda para los clientes que desean realizar un retiro. Por lo tanto, los préstamos de reserva fraccionaria significan que los bancos deben conservar una pequeña parte de los depósitos de sus clientes y pueden prestar el resto.

Este es un ejemplo simple de cómo los ahorros se traducen en inversiones.

En general, se necesita inversión para impulsar la economía de un país. Bajo un sistema capitalista, cuanto más dinero circula, más bienes y servicios cambian de manos. Además, cuanto más dinero termine en los bolsillos de las personas.

Es por eso que enterrar sus ahorros en el patio trasero matará cualquier impulso económico.

Como individuo, la inversión representa una oportunidad de hacer que el dinero crezca literalmente.

El tipo de inversión más comúnmente conocido es una cuenta bancaria.

Las cuentas bancarias pagarán una cantidad de dinero llamada "interés" calculada sobre cuánto dinero ha depositado un cliente en ese banco.

Otros tipos comunes de inversiones son los planes 401 (k) o incluso empresas. Estas inversiones usan dinero para ganar más dinero.

Un 401 (k) es esencialmente una cuenta bancaria en la que un empleado le aporta dinero todos los meses. La institución financiera que asegura el 401 (k) tomará ese dinero e invertirá en otras empresas. El dinero que gana la institución financiera es lo que se utiliza para pagar los intereses devengados por ese 401 (k).

Si un individuo elige invertir en un negocio, las ganancias obtenidas de ese negocio también harán crecer el dinero.

Con el tiempo, el dinero invertido puede generar suficientes ingresos hasta el punto de poder financiar el estilo de vida de una persona. Este es el propósito principal de ahorrar para la jubilación. También puede escuchar sobre aquellas personas que se han "retirado temprano".

En esencia, retirarse significa que ya no tiene que trabajar para financiar su estilo de vida. Y esto se puede hacer mediante la inversión.

Ahora, eso nos lleva a lo que se conoce como el mercado de valores.

El mercado de valores, o los mercados financieros, permiten a los inversionistas individuales tomar su dinero y ponerlo a trabajar. La serie de instrumentos y vehículos financieros disponibles para los inversionistas les permite ganar dinero al colocar sus ganancias excedentes en manos de personas que harán uso de ese dinero.

Al invertir en el mercado de valores, los inversionistas no buscan oportunidades comerciales que impliquen la producción de bienes y servicios. Estas son actividades especulativas que se basan en "activos de papel". En otras palabras, no hay objetos tangibles en juego. Más bien, las inversiones realizadas son en la compra y venta de activos que producirán un rendimiento.

Este rendimiento es básicamente la ganancia obtenida de las inversiones en los mercados financieros.

Para aquellas personas que buscan asegurar su futuro, aumentar su patrimonio neto o alcanzar el estilo de vida que siempre han soñado, entonces invertir en los mercados financieros es una forma plausible de lograrlo.

Sin embargo, la inversión en los mercados financieros no es una tarea fácil para los que no saben lo que están haciendo. Para aquellos que lo hacen, pueden navegar por las aguas del sistema y usarlo para su ventaja.

Por supuesto, convertirse en un experto en el comercio en los mercados financieros requiere algo de tiempo y capacitación. Pero con el entrenamiento y la información adecuados, convertirse en un experto es mucho más fácil de lo que parece. Lo importante es tener la voluntad de dedicar el tiempo y el esfuerzo necesarios para aprender.

Los beneficios de invertir son mayores que los riesgos siempre que sepa lo que está haciendo. Esta es la razón por la inversión en el mercado de valores no se recomienda para las personas que no tienen el conocimiento y no están dispuestos a buscar asesoramiento financiero cualificado.

Pero al leer esta guía, podrá tomar su propia estrategia de inversión y maximizar sus posibilidades de lograrlo.

¿Serás el próximo millonario de Wall Street?

¡Quizás!

Y uso la palabra "quizás" porque depende de usted tomar las decisiones correctas basadas en información precisa, un "instinto" fuerte y sentido común.

En el próximo capítulo, veremos más de cerca cómo funcionan los mercados financieros.

Capítulo 2: Fundamentos del mercado de valores

Las palabras "bolsa de valores" son dos de las palabras más mágicas en el idioma inglés.

Para algunos, el mercado de valores ha sido una fuente de gran riqueza y oportunidad. Para otros, estas palabras han significado dolores de cabeza y estrés.

El hecho es que gran parte del estrés y la ansiedad que conlleva invertir en el mercado de valores proviene de la falta de comprensión de su naturaleza. A menudo, escuchará mucha información y consejos sobre las acciones y otros activos financieros. Sin embargo, los llamados expertos y especialistas en televisión hacen poco para explicar realmente los fundamentos de la inversión.

Invertir en los mercados financieros no tiene que ser estresante, incluso si a veces puede ser doloroso. Con la comprensión correcta de cómo funcionan los mercados financieros, puede comenzar a invertir sabiamente y con éxito. Por eso es necesario sentar las bases.

En este capítulo, cubriremos los conceptos básicos y fundamentales de los mercados financieros. Analizaremos profundamente las definiciones de los conceptos más importantes relacionados con la inversión en los mercados financieros. Además, la información aquí contenida debe considerarse como una guía, una hoja de ruta si lo desea, sobre cómo navegar a través de los diversos vehículos e instrumentos de inversión disponibles para el inversionista promedio.

Es importante tener en cuenta que este capítulo no se trata tanto de proporcionar asesoramiento financiero sobre cuáles son los mejores vehículos de inversión, sino más bien, se trata de tener un enfoque holístico sobre los diversos tipos de activos financieros a disposición del inversionista promedio.

Además, vale la pena señalar que el término "inversionista promedio" se refiere a un individuo normal que está buscando poner parte del efectivo que tanto le costó ganar en acciones, bonos o cualquier otro activo. No estamos considerando a los grandes inversionistas institucionales, como los bancos de inversión de los fondos de cobertura, ya que juegan bajo diferentes reglas y circunstancias.

Como tal, el inversionista promedio es alguien que busca aprovechar las oportunidades que ofrece el mercado y multiplicar sus ahorros en una cantidad mayor que puede servir como ingreso en el futuro. Además, los grandes inversionistas institucionales incursionan en los mercados de derivados. Esto es algo a lo que nos referiremos a lo largo de este libro, pero no abordaremos con demasiados detalles ya que estamos enfocados en despegarlo.

Entonces, abróchate el cinturón. Este capítulo está lleno de conceptos, definiciones y, sobre todo, información procesable que seguramente le abrirá los ojos al reino de las posibilidades disponibles en el mercado de valores. Lo más importante es que podrá formarse su propia opinión informada sobre lo que está disponible para usted como inversionista promedio. ¡De esa manera, puede comenzar a planificar su estrategia de inversión de inmediato!

Definición de mercados financieros.

El mercado de bursátil, o mercado de valores, es uno de varios mercados diferentes que constituyen una suma mayor conocida como "mercados financieros".

En esencia, los mercados financieros son un lugar (ya sea físico o virtual) donde los prestamistas, inversionistas, prestatarios, y los compradores se reúnen para comprar y vender títulos, valores, derivados, productos básicos (commodities), bonos o activos financieros, como fondos mutuales o fondos negociados en bolsa (ETF).

Echemos un vistazo más de cerca a cada elemento:

- **Títulos (Equities):** Estas son acciones de compañías que cotizan en bolsa que están disponibles en los principales índices como el Dow Jones, Nasdaq y el S&P 500 en los Estados Unidos. También hay otros mercados financieros importantes en todo el mundo en países como Japón, Alemania, España y el Reino Unido.
- **Valores (securities):** son instrumentos de deuda que los prestamistas pueden empaquetar y vender a los inversionistas. Por ejemplo, los bancos pueden empaquetar hipotecas y venderlas a fondos de cobertura que obtienen un retorno de su inversión de los intereses pagados por los prestatarios.
- **Derivados (Derivative):** son instrumentos financieros complejos disponibles principalmente para inversionistas institucionales. Los derivados, como su nombre lo indica, son instrumentos que se "derivan" de un activo subyacente. Estos instrumentos suelen ser de alto riesgo y pueden representar una propuesta de alto riesgo y alta recompensa para los inversionistas.
- **Productos básicos (Commodities):** son inversiones en bienes físicos como petróleo, productos agrícolas, metales preciosos o cualquier otro bien físico producido por las empresas.
- **Fondos mutuales (Mutual funds):** es un conjunto de dinero recaudado por una institución financiera de los inversionistas que luego se utiliza para comprar y vender una cartera de activos financieros. El rendimiento de toda la cartera de inversionistas se distribuye entre el grupo total de inversionistas.
- **Fondos negociados en bolsa (Exchange Traded Funds):** estos fondos son similares a los fondos mutuales con la diferencia de que hay un activo subyacente en el fondo. Por ejemplo, el petróleo puede comercializarse a través de un ETF. Un inversionista puede comprar un ETF de petróleo y obtener un rendimiento de las ganancias en los precios del petróleo.

- **Bonos:** Son instrumentos de deuda emitidos por gobiernos soberanos o corporaciones privadas. El mercado de bonos es el mayor mercado financiero del mundo. Algunos países, como Estados Unidos, permiten a los ciudadanos privados comprar bonos del gobierno, mientras que otros países los venden en los mercados financieros internacionales solo a inversionistas institucionales.

Los instrumentos financieros mencionados anteriormente se denominan "activos en papel", ya que representan inversiones de efectivo en vehículos que no son físicamente tangibles. A excepción de los productos básicos, los activos financieros están esencialmente representados por certificados que son prueba de propiedad. Además, muchas de estas inversiones no están representadas por efectivo en como tal, sino que están representadas por dinero en forma digital.

Los ETF para productos como petróleo, metales preciosos (oro y plata), metales industriales (cobre, estaño, aluminio), productos agrícolas (azúcar, café, maíz, ganado) o productos energéticos (carbón, gas natural) pueden o no venir junto con una asignación física. Lo que esto significa es que si el contrato ETF no especifica que el inversionista va a recibir la entrega física de la mercancía, a continuación, el inversionista sólo recibirá un pago monetario correspondiente a la inversión realizada.

Por el contrario, cuando un contrato de ETF especifica una asignación física, el inversionista puede optar por recibir la entrega física del producto especificado en el contrato. Por lo tanto, el inversionista puede retirar efectivo al recibir sacos de café en lugar de un cheque por el monto monetario indicado en el contrato.

Ahora, pasemos a una definición más profunda de cada instrumento financiero.

Títulos

Los títulos son los activos financieros más comúnmente conocidos.

Esto es lo que comúnmente se conoce como el "mercado de valores".

En esencia, las acciones son "participaciones" de una empresa que cualquier inversionista puede comprar. Cada participación es una proporción de propiedad de esa compañía específica. Por ejemplo, si una empresa emite 1000 participaciones, el 50% de la propiedad de esa empresa representaría la propiedad de 500 acciones. Por la misma razón, una participación representa la propiedad de esa compañía, aunque en una minúscula proporción.

Cuando se forma una empresa, el derecho corporativo requiere que se "incorpore". Esto significa que la empresa debe convertirse en una entidad legal formal. Esto significa que un negocio habitual de "mamá y papá" no califica, ya que es muy probable que sea un propietario único. Por lo tanto, las pequeñas empresas no entran en esta categoría.

Sin embargo, una cosa sobre las pequeñas empresas: los fondos de cobertura invierten en lo que se llama "títulos privados". Eso significa que compran en compañías que no cotizan en bolsa. Piense en "Shark Tank" cuando considere títulos privados. Estos son emprendedores o empresas de nueva creación que tienen una propuesta de valor significativa en la que los inversionistas quieren entrar en sus primeras etapas para que puedan enriquecerse cuando la empresa crezca.

Por lo tanto, cuando una empresa llega a un punto en el que es lo suficientemente grande como para atraer un interés considerable de inversiones institucionales más grandes, como los fondos de cobertura y los bancos de inversión (también los fondos soberanos pueden poner su sombrero en el ring), la empresa entrará en un proceso llamado su "oferta pública inicial" u OPI.

En el proceso de OPI, todos los propietarios de la compañía, que aún es privada, deciden poner sus participaciones a la venta a cualquiera que decida comprarlas. La valoración de esas acciones depende de la perspectiva de ganancias de la compañía.

Por ejemplo, si la compañía ABC decide "hacer pública ", la empresa debe ser valorada. El valor real en libros de la empresa es irrelevante ya que los inversionistas pagan los dividendos que ganarán por participación. Entonces, si la compañía es altamente rentable, entonces los accionistas, en el momento de la OPI, tendrán un precio inicial por sus participaciones.

Digamos que el precio inicial es de $ 100 por participaciòn. Este precio inicial se prueba en el mercado para medir el interés en ese punto de precio. Si la empresa está al rojo vivo, los inversionistas pueden señalar, de boca en boca, si están dispuestos a pagar tanto o incluso más. También, los inversionistas pueden sentir la valoración es demasiado alta, y que estarían dispuestos a pagar menos.

Luego, un corredor autorizado, generalmente un gran banco de inversión como Merrill Lynch o JP Morgan en los Estados Unidos, "suscribirá" la OPI. En otras palabras, presentarán las acciones de la Compañía ABC al mercado. Esto es como hacer que un intermediario venda las acciones de la empresa a los inversionistas.

Los derivados entran en juego aquí, ya que los suscriptores de OPI deben tener otra institución financiera que asegure la OPI. El seguro tiene que ser incluido en caso de que algo va mal y el negocio se caiga. Por ejemplo, se descubre actividad fraudulenta o un evento de impacto significativo interrumpe las operaciones de la compañía. Como tal, el seguro protege el dinero de los inversionistas que entran en el acuerdo.

Todo el proceso de OPI es supervisado por la Comisión de Bolsa y Valores (SEC) en los Estados Unidos para garantizar que todo el proceso se haya realizado de acuerdo con las regulaciones. Cada país que tenga mercados financieros tendrá su propia agencia reguladora.

Una vez que la IPO esté lista, la compañía ingresará a uno de los mercados financieros disponibles en el mundo. No todas las empresas se comercializan en los Estados Unidos. Las empresas estadounidenses pueden optar por cotizar en mercados internacionales como Londres o Hong Kong. Las empresas de fuera de los Estados Unidos pueden optar por ser incluidas en las bolsas de valores estadounidenses.

Una vez que la OPI se ha hecho pública, las acciones se ponen a la venta. Esto es cuando las casas de bolsa y otras instituciones de inversión pueden optar por recoger las acciones. Aquí es donde los primeros inversionistas hacen mucho dinero.

Supongamos que el capital XYZ financió a la Compañía ABC y les proporcionó capital inicial desde el principio. Invirtieron $ 10,000 a cambio de 100 acciones. Eso equivale a $ 100 por acción. La valuación de IPO de Compañía ABC se cotizaba a $ 1,000 por acción. Cuando Compañía ABC se hizo pública, el capital XYZ recibió $ 1000 por acción cuando originalmente pagó $ 100.

Este ejemplo no es raro pero no frecuente.

El inversionista promedio saltará a la carrera mucho después de la salida a bolsa.

Si bien las acciones de todas las empresas que cotizan en bolsa están técnicamente disponibles para cualquier persona con el efectivo para invertir, no siempre están a la venta.

Por ejemplo, si XYZ Capital posee 100 acciones de Apple, pueden optar por sentarse y no vender. Quizás estén esperando que suba el precio y luego se den la vuelta y los vendan. O bien, la compañía no ha publicado ganancias sólidas y XYZ Capital está esperando que Apple se recupere antes de decidir vender.

Esto lleva al siguiente punto: el precio de las acciones en el mercado abierto se establece por la oferta y la demanda.

En términos económicos, la demanda es impulsada por la cantidad de dinero disponible para invertir. Este dinero proviene de dos principales fuentes: el inversionista promedio, es decir, mamá y el papá que tienen algún dinero extra guardado y le gustaría ponerlo a trabajar, y los inversionistas institucionales.

Los inversionistas institucionales son fondos de cobertura, bancos de inversión o incluso fondos soberanos.

Un fondo de cobertura es un "club" de individuos ricos que colocan su dinero juntos. El fondo de cobertura en sí es una institución financiera que se encarga de administrar el dinero en beneficio de sus miembros. No hace falta decir que los fondos de cobertura tienen sed de ganancias y siempre exigirán mayores utilidades y mayores rendimientos. Además, los fondos de cobertura tienden a ser vaqueros, es decir, asumirán la mayor cantidad de riesgo, siempre y cuando paguen de acuerdo con el riesgo.

Los bancos de inversión son instituciones financieras más tradicionales como Merrill Lynch o JP Morgan en los Estados Unidos, o grandes bancos internacionales como HSBC, Scotiabank, Deutsche Bank, Credit Suisse, por nombrar algunos. Estos no son necesariamente bancos en el sentido tradicional de la palabra, es decir, un banco de ahorro y préstamo, sino que son compañías formales de gestión de patrimonio que se rigen por las regulaciones financieras vigentes del país en el que están incorporadas.

A diferencia de los bancos de inversión, los fondos de cobertura a menudo no caen bajo el mismo paraguas regulatorio. Es por eso que se involucran en actividades de mayor riesgo ya que muchos países, especialmente en Europa, consideran que los fondos de cobertura son empresas privadas. Por lo tanto, no son diferentes a una ferretería. La única diferencia es que no venden martillos. En cambio, venden activos financieros.

Por último, los fondos soberanos son instituciones representadas por países. Estos fondos son generalmente instituciones de propiedad estatal que cuentan con el respaldo oficial de un estado soberano. Por ejemplo, el fondo de riqueza soberana más grande del mundo es China. En consecuencia, se trata de dinero oficial del estado chino que puede invertirse en acciones, productos básicos y otros vehículos financieros. No todos los países tienen estos fondos, y la mayoría de los fondos soberanos no están estrechamente regulados por su país de origen.

El dinero de inversión disponible en un país, región o en todo el mundo competirá por las mejores inversiones. Esta competencia es lo que eleva el precio de las mejores inversiones disponibles. Esta es la razón por la cual los bonos son el mercado financiero más grande, ya que ofrecen un riesgo más bajo y retornos casi garantizados. La única forma en que un bono no puede pagarse es si un país no cumple con su deuda, como en el caso de Argentina o Rusia.

Cuando el dinero de inversión disponible ingresa al mercado, primero se obtienen las mejores inversiones. Pero dado que otros inversionistas buscan poner su dinero a trabajar, podrían estar dispuestos a pagar más por esas mismas inversiones. Esto es lo que aumenta el precio de un bono, acciones o incluso productos básicos.

Además, si una compañía se queda sin fondos y sus ganancias no están a la altura de las expectativas de los inversionistas, los accionistas pueden optar por deshacerse de sus acciones en esa empresa. Esto impulsa el precio hacia abajo ya que los compradores pueden no estar dispuestos a pagar la misma cantidad de dinero por esas acciones. Eso puede significar que los accionistas actuales pueden tener una pérdida o simplemente una ganancia menor.

Consideremos la compañía ABC. Las acciones de la compañía ABC subieron a $ 1000 por acción después de su salida a bolsa. Es una acción tecnológica de última generación, y todos quieren participar. Los inversionistas iniciales que se enriquecieron hicieron un pequeño cambio en la OPI.

Ha llegado el momento de la Compañía ABC para reportar sus ganancias trimestrales. En su informe, la Compañía ABC reportó ganancias superiores a las esperadas. Esto hace que las acciones se disparen, ya que todos quieren una parte del negocio. La acción va de $ 1000 a $ 1100 en cuestión de minutos. En este caso, la demanda de los inversionistas reduce el precio ya que no todos los accionistas deciden vender. Quieren aferrarse a las acciones porque les está yendo muy bien. Entonces, aquellos que deciden vender obtienen mayores ganancias porque hay un número limitado de acciones disponibles. Y los inversionistas se están volviendo locos.

Por el contrario, supongamos que las ganancias de la Compañía ABC fueron más bajas de lo esperado. Esto significa que los accionistas ahora están preocupados por lo que podría pasarle a la compañía. Podrían optar por aguantar, esperando que se recupere en el próximo trimestre.

Otros accionistas podrían pensar que la empresa está en problemas y decidir que quieren salir. Compraron en la Compañía ABC a $ 1000 por acción. Pero debido a que sus ganancias fueron más bajas de lo esperado, los compradores pueden optar por pagar $ 900 por acción. Calculan que comprarán con la esperanza de que la compañía se recupere y obtenga ganancias en el próximo trimestre. Los accionistas que compraron a $ 1000 y venden a $ 900, ahora han recibido un golpe de $ 100 por acción.

Como puede ver, las fuerzas de la oferta y la demanda son las que impulsan el precio de las acciones. Por lo tanto, las empresas deben tener cuidado de no emitir demasiadas acciones o, de lo contrario, el precio de cada acción caerá. Por el contrario, algunas compañías se dedican a lo que se llama " recompras". Esto es cuando una compañía vuelve a comprar sus propias acciones. Como hay menos stock disponible, el precio aumentará ya que los inversionistas intentarán encontrar más acciones, pero tendrán que pagar más por las existentes.

Otro elemento a considerar es la definición de una bolsa de valores.

Como se mencionó anteriormente, hay muchas bolsas de valores en todo el mundo. Pertenecen a países específicos y se rigen por la legislación de su país de origen.

En los Estados Unidos, hay varias bolsas de valores.

- Bolsa de Nueva York (Wall Street)
- Bolsa de Chicago
- Bolsa de valores de Boston
- Bolsa de Miami
- Bolsa de Filadelfia

Cada uno de estos intercambios es un lugar físico donde los comerciantes se reúnen para comprar y vender títulos, productos u otros valores.

La mayoría de las personas a menudo confunden las bolsas de valores con índices como el Dow Jones y el Nasdaq. La diferencia es que el Dow y el Nasdaq no son ubicaciones físicas donde los comerciantes se reúnen para hacer negocios. Son meras medidas estadísticas de una parte del mercado.

Por ejemplo, el Dow Jones mide las 30 principales empresas del mercado. Esta medida rastrea su desempeño y determina la tendencia del mercado. El Nasdaq fue el primer sistema de comercio computarizado que finalmente se convirtió en un índice bursátil. Generalmente rastrea a las compañías "tecnológicas" aunque no es exclusivo de este sector. Otro índice es el S&P 500, que es una medida de las 500 principales compañías que no están incluidas en el Dow Jones.

En este punto, es importante echar un vistazo a los otros activos financieros disponibles para los inversionistas.

Bonos

El mercado de bonos es quizás el mercado más importante del mundo.

Los bonos son certificados de deuda emitidos por naciones soberanas o corporaciones privadas. Estos instrumentos permiten a las instituciones obtener fondos con la promesa de que devolverán ese dinero, más intereses cuando venza el bono, es decir, cuando se acabe el tiempo.

Hay varios lapsos en los bonos. Van desde 30 días hasta 30 años. Vienen en todas las formas y tamaños, ya que responden a las necesidades de las instituciones que los emiten.

El interés que los bonos pagan a cabo a los compradores se llama "rendimiento". El emisor básicamente establece el rendimiento, a pesar de que varía en función de las fuerzas del mercado. El rendimiento en sí mismo no cambia. Ese es el interés que se paga por él. Por ejemplo, si un bono tiene un valor nominal de $ 100, un cupón del 10%, entonces el 10% se consideraría el rendimiento. Tenga en cuenta que el cupón se calcula sobre el valor nominal del bono.

Si el condado emisor de ese bono es un estado estable y sólido, entonces los inversionistas pueden optar por pagar más del valor nominal de $ 100 para comprar un activo seguro. Supongamos que los inversionistas están dispuestos a pagar $ 110 por el bono de $ 100. Luego, considerando el cupón del 10%, es decir, $ 10 de interés, entonces el rendimiento se calcularía como 10/110 = 0.09 o 9%. Esto significa que el rendimiento ha caído al 9%. La lógica es que cuanto más segura sea la inversión, menor será el rendimiento.

Por otro lado, este país emisor está teniendo problemas económicos y puede no cumplir con sus obligaciones financieras. En otras palabras, corren el riesgo de incumplir o no pagar sus bonos. Entonces, los tenedores de bonos pueden optar por soltar el bono como una papa caliente. Los tenedores de bonos venderán en corto o venderán por menos, y tomarán $ 90 en el bono de valor nominal de $ 100. Esto significa que el rendimiento ha aumentado ya que el cupón sigue siendo del 10%, pero el precio pagado por el bono es menor. Aquí está el cálculo: 10/90 = 0.111 o 11.1%. El rendimiento es ahora del 11% porque la lógica del mercado dicta que cuanto mayor es el riesgo, mayor es el rendimiento.

Los gobiernos soberanos pueden optar por colocar sus bonos en las bolsas de valores de Estados Unidos, o en cualquier otro archivo de intercambio, que considere apropiada. Y al igual que los títulos o acciones, los bonos deben ser suscritos por una institución financiera acreditada si se colocan en los Estados Unidos. En otros países, las leyes de ese país rigen la colocación de bonos.

Los bonos también pueden estar asegurados. Este seguro de bonos entra en el mercado de derivados ya que las aseguradoras están esencialmente apostando a que un país incumplirá o no sus obligaciones de deuda. Si el país no cumple, las aseguradoras deberán pagar las pólizas de sus asegurados. Si el país no incumple, las aseguradoras solo cobran las primas pagadas por sus clientes por el derecho a asegurar sus bonos.

Otro aspecto importante de los bonos es que pueden emitirse en cualquier moneda. Esto es muy importante ya que las monedas tienden a fluctuar, es decir, ganar o perder valor. Si un país emite bonos y depósitos de moneda de ese país, o pierde valor significativo, a continuación, los inversionistas pueden simplemente decidir volcar los bonos por lo que pueden conseguir. Esto puede hacer que un país entre en una crisis económica.

Por lo tanto, tanto los países como las corporaciones privadas pueden optar por emitir sus bonos en monedas diferentes a las de su país de origen. Por lo tanto, los países y las corporaciones pueden optar por emitir sus bonos en dólares estadounidenses, euros, francos suizos o quizás yenes. Lo importante es que la moneda sea estable y aceptada por los inversionistas de todo el mundo. Si un bono se emite en una moneda en la que los inversionistas no confían, el bono sería esencialmente inútil.

Los bonos corporativos funcionan de la misma manera que los bonos soberanos. Estos bonos son un medio para que las empresas obtengan financiamiento a través de otros medios que no son a través de la emisión de acciones. Los bonos corporativos están suscritos por intermediarios financieros acreditados y están asegurados en el mercado de derivados. Y al igual que los bonos soberanos, mientras mayor es el riesgo, mayor es el rendimiento.

Categorías de bonos

Hay varias categorías diferentes de bonos. Es decir, no todos los bonos se crean de la misma manera.

En la sección anterior, discutimos dos tipos de bonos: bonos soberanos y bonos corporativos. Ambos funcionan de la misma manera y su rendimiento se trata de la misma manera.

Ahora, echemos un vistazo más de cerca a los tipos de bonos que existen:

- **Bonos soberanos:** como se indicó en la sección anterior, hay bonos emitidos por naciones soberanas. En los Estados Unidos, se llaman letras del Tesoro o T-Bills. Los emite el Tesoro de los Estados Unidos y los bancos intermediarios los compran a través del Sistema de la Reserva Federal. La mayoría de las naciones emiten sus bonos a través de sus bancos centrales.

- **Bonos no soberanos:** estos tipos de bonos generalmente se emiten para fines especiales, como los bonos de guerra. Son un medio temporal de recaudar capital y generalmente están vinculados a un evento muy específico como una guerra. Los países también pueden emitir estos bonos para pagar obras públicas costosas o para financiar su moneda.

- **Bonos corporativos de alta calidad:** ya hemos discutido los bonos corporativos. Sin embargo, hay dos tipos de bonos corporativos: de alta y baja calidad. Los bonos de alta calidad son determinados por la calificación de crédito de una compañía. Esto se realiza a través de una agencia de calificación como Fitch, Standard and Poor's o Moody's. Estas son compañías sólidas con excelentes antecedentes, finanzas saludables y bajo riesgo de incumplimiento. Tienen un rendimiento menor ya que tienen un riesgo menor.

- **Bonos de baja calidad:** Estos son los llamados "bonos basura". Se trata de bonos emitidos por corporaciones con una trayectoria no tan buena e incluso pueden representar un riesgo de impago. Estas corporaciones ofrecen poco interés, pero si pagan, el rendimiento puede ser muy atractivo. Este es un ejemplo de una situación de alto riesgo y alta recompensa. Los bonos basura tienen un riesgo excesivo y si varias empresas dejan de pagar al mismo tiempo, pueden causar pérdidas masivas en el mercado de bonos.
- **Bonos municipales**: los gobiernos locales los emiten. En los Estados Unidos, los estados y ciudades individuales pueden emitir bonos. Esto no siempre es posible en otros países. Entonces, depende de la gobernanza individual de cada país.
- **Bonos respaldados por hipotecas:** estos tipos de bonos se negocian activamente en el mercado de derivados. Estos bonos consisten en prestamistas hipotecarios que emiten bonos para obtener fondos con el único propósito de prestar dinero a los compradores de viviendas para financiar la compra de sus casas. En esencia, estos bonos son los que financian las compras de viviendas. Cuando se venden, otras instituciones se convierten en propietarios de las hipotecas vinculadas a esos bonos. Estas son algunas de las inversiones más favorecidas por los fondos de cobertura.
- **Bonos con garantía de deuda:** son bonos de alto riesgo, ya que son emitidos por prestamistas que buscan financiar la emisión de crédito a los clientes. Estos créditos pueden venir en forma de préstamos, tarjetas de crédito o préstamos para automóviles. Estos préstamos tienen un alto riesgo de incumplimiento, pero ofrecen los mejores rendimientos a los inversionistas.

Opciones financieras

El comercio de opciones es parte del mercado de derivados. Una opción, como su nombre lo indica, le da a una persona la opción de comprar o vender acciones, pero no crea una obligación. Es un derivado, ya que se valora en un activo subyacente, en este caso, acciones.

Las opciones se emiten cuando se especula sobre el precio de una acción. Esencialmente, el accionista puede optar por vender a un precio determinado como se especifica en el contrato, pero no está obligado a hacerlo. Lo mismo vale para un comprador. Lo que hace una opción es fijar un precio de compra / venta en ese activo.

Hay do s partes en un contrato de opciones: "put" y "call ". Una opción de venta (put) consiste en otorgar a alguien el derecho de vender el activo subyacente. Cuando eso sucede, las partes involucradas en el contrato acuerdan el precio y los términos de la venta.

Una opción de compra (call) le otorga a alguien el derecho de comprar el activo subyacente en cuestión. Según esta lógica, si el comprador elige comprar el activo, lo hará al precio y los términos indicados en el contrato.

La ventaja de las opciones es que permite que las partes acuerden el precio y los términos antes de participar realmente en el acuerdo. Las operaciones realizadas fuera de las opciones están sujetas a las fuerzas del mercado. Por lo tanto, los compradores y el vendedor pueden terminar perdiendo buenas ofertas.

Además, las opciones pueden fijar un precio, similar a un contrato de futuros, aunque un contrato de futuros está vinculado a un producto básico, como el petróleo, como el activo subyacente, mientras que las opciones tienen acciones o incluso bonos, como el activo subyacente.

FOREX

El mercado de divisas (FOREX) es un mercado altamente especulativo en el que dos o más monedas se enfrentan entre sí. Este mercado consiste en comprar y vender divisas en función de su valor de mercado. Es un mercado altamente líquido ya que los inversionistas están tratando específicamente con dinero.

Los mercados de acciones o bonos no son líquidos como FOREX, ya que los inversionistas poseen activos en papel que pueden, o no, tener fondos suficientes para respaldar sus operaciones. Esto puede resultar en una demanda de cobertura suplementaria dejando así las posiciones de los inversionistas desprotegidas. El resultado final podría ser el incumplimiento de un inversionista y la necesidad de deshacerse de acciones o valores en el mercado, a cualquier precio, para obtener efectivo.

Como tal, FOREX permite a los inversionistas comerciar con activos altamente líquidos denominados en monedas. Hay ETF de FOREX que están esencialmente garantizados para pagar ya que el activo subyacente es efectivo contante y sonante. Los inversionistas no pueden ingresar al mercado FOREX a menos que tengan el efectivo real para hacerlo.

FOREX analiza los tipos de cambio entre dos monedas. En esencia, estas podrían ser dos monedas de cualquiera de los dos países del mundo. Entonces, las combinaciones son prácticamente infinitas. También es altamente especulativo porque los inversionistas están apostando contra una apreciación o depreciación de una moneda frente a otra.

Por ejemplo, un comerciante compra 10.000 euros a un tipo de cambio de 1EUR: 1.18USD. Eso significa que el inversionista necesitaría 11.800 USD para comprar los 10.000 EUR. Si el tipo de cambio cambia de 1EUR: 1.18USD a 1EUR: 1.25USD, entonces el operador ahora tiene 12,500USD. Ha obtenido una ganancia de $ 700.

Indicadores de desempeño

Como todo en la vida, los mercados financieros tienen indicadores. Estos indicadores pueden variar para los mercados internacionales. Pero para los mercados estadounidenses, existen varios indicadores que los inversionistas pueden rastrear para determinar las tendencias del mercado.

Ya hemos mencionado el Dow Jones, Nasdaq y S&P 500. Estos índices sirven como una evaluación inicial del desempeño del mercado de valores.

Cuando a los mercados les va bien, se dice que son un "mercado en alza". Cuando los mercados funcionan mal, se dice que son un "mercado a la baja".

Estas son algunas otras medidas estadísticas del desempeño del mercado:

- **Línea de avance / declive:** este es un modelo estadístico que rastrea los precios de las acciones. Si los precios generales de las acciones subieron, entonces el mercado está avanzando. Si los precios generales de las acciones están bajos, entonces el mercado está disminuyendo.
- **Promedio móvil de 10 días:** rastrea el mismo rendimiento que la línea de avance / declive, pero durante un período de 10 días. Esto proporciona una mayor indicador del rendimiento a corto plazo.
- **Indicadores económicos:** estos indicadores no son un resultado específico del rendimiento de las acciones, sino que influyen directamente en el rendimiento del mercado. Por ejemplo, las tasas de interés, el índice de confianza del consumidor, el índice de precios al consumidor, precios de la vivienda, informes de ganancias de empresas, y así sucesivamente.

Estos indicadores de rendimiento permitirán a los inversionistas tener una mejor idea de cómo está evolucionando el mercado.

Impacto en el inversionista promedio

Cuando escuche que "los mercados han bajado ", no debería haber motivo de pánico. Es bastante normal que los mercados fluctúen. Lo más importante es visualizar las tendencias del mercado durante semanas, meses y años. Si tiene una estrategia a corto plazo, mirar una tendencia de seis meses puede ayudarlo a obtener una buena perspectiva y adónde ir.

Si escucha que "los mercados están en alza ", entonces también necesita hacer un seguimiento del promedio móvil, ya que ingresar a un mercado en la parte superior puede generar pérdidas a medida que el mercado puede cambiar. Por lo tanto, los inversionistas deben estar interesados en cuáles son las tendencias del mercado y determinar el mejor momento para entrar o salir, según las expectativas de retorno.

Lo peor que un inversionista puede hacer es salir de un mercado. A menos que tenga una estrategia a largo plazo, sobrellevar un mercado solo lo preparará para pérdidas significativas.

Capítulo 3: Vehículos de Inversión

En este capítulo, vamos a echar un vistazo más de cerca a los vehículos de inversión. Estos vehículos de inversión son emitidos principalmente por las instituciones financieras en bancos particulares.

A diferencia del mercado de valores donde se negocian acciones, bonos y otros tipos de valores, los bancos privados emiten los vehículos de inversión que analizaremos. Estos bancos emiten certificados de depósito, fondos mutuales o anualidades respaldados por acciones negociadas en el mercado de valores.

Los vehículos de inversión emitidos por bancos privados y otras instituciones financieras están disponibles para el inversionista promedio. Invertir en este tipo de productos requiere un viaje a su banco local y una conversación con su asesor de inversiones. Los asesores de inversiones no podrán proporcionarle información sobre cuáles serían las mejores opciones disponibles para usted.

Los criterios que se utilizan para seleccionar un vehículo de inversión dependen del capital que el inversionista tenga disponible para invertir, los rendimientos esperados de esas inversiones y el nivel de tolerancia al riesgo que el inversionista está dispuesto a aceptar.

Según ese criterio, un inversionista promedio puede negociar uno de los productos que el banco tiene para ofrecerles. La selección de estos productos de inversión dependerá en gran medida de la certeza del producto en sí. Por ejemplo, un inversionista puede optar por invertir en un vehículo a corto plazo y, por lo tanto, puede elegir una inversión a corto plazo, como un certificado de depósito de 30 días.

Por otro lado, si un inversionista está dispuesto a guardar su dinero por un período de tiempo más largo, puede optar por adquirir un producto financiero e ir más allá del período de 30 días. Por ejemplo, un inversionista podría optar por reservar algo de dinero por un plazo de 180 días o incluso por un año. Una estrategia de inversión a largo plazo puede destacarse mediante la selección de vehículos a largo plazo, como un certificado de depósito a largo plazo.

En el capítulo anterior, analizamos el mercado de valores y nos centramos tanto en el inversionista promedio como en los grandes inversionistas institucionales. En esta discusión particular, no estaremos mirando a los grandes inversionistas institucionales. Más bien, buscaremos al inversionista promedio y cómo pueden reservar algo de dinero para destinarlo a los productos de inversión ofrecidos por un Banco tradicional.

En esta discusión, vamos a considerar el banco minorista promedio que trata directamente, uno a uno con los clientes y ofrece una gama de productos que van desde ahorros y préstamos hasta productos de inversión moderados. No consideraremos grandes bancos de inversión como JPMorgan o Merrill Lynch.

Vale la pena señalar que el dinero que los inversionistas destinarán a invertir en los productos ofrecidos por los bancos minoristas probablemente provenga de una parte de sus ganancias. Estos son ingresos excedentes que se han guardado. Como tal, el inversionista promedio será más reacio al riesgo en comparación con los grandes inversionistas institucionales, como los fondos de cobertura.

Como se mencionó en el capítulo anterior, los fondos de cobertura están más dispuestos a asumir un mayor riesgo ya que buscan un mayor rendimiento. Además, la proporción de un mayor riesgo, una mayor recompensa lleva a los fondos de cobertura hacia la búsqueda de vehículos de inversión más riesgosos. El inversionista promedio, que es más reacio al riesgo, buscará instrumentos de inversión más seguros. En consecuencia, los bancos minoristas ofrecen instrumentos más seguros para que los pequeños inversionistas puedan escoger. Esto no solo permite a los inversionistas poner su dinero a trabajar, sino que también permite un menor nivel de riesgo.

Certificados de depósito

El primer producto de inversión que discutiremos se llama "certificado de depósito".

Un certificado de depósito, como su nombre lo indica, es un certificado emitido con un valor nominal especificado. Su valor nominal es acordado tanto por el banco como por el inversionista. La mayoría de los bancos ofrecerán una variedad de inversiones. Por ejemplo, los certificados de depósito oscilarán entre 1 y $ 1,000, entre $ 1,001 y 5000, etc. No hay rango establecido; esto depende de cada institución.

Lo que el banco elija ofrecer a sus clientes depende de las estrategias de inversión que tanto el inversionista como el banco están trabajando para implementar. Los certificados de depósito se consideran inversiones más seguras ya que vencen en una fecha fija y a una tasa especificada. Un certificado de depósito contará con el respaldo de la institución financiera emisora y, según la calificación crediticia de esa institución, el certificado será más riesgoso o más seguro.

En términos generales, un inversionista no puede retirar su inversión antes de la fecha de vencimiento. Por lo tanto, si un certificado de depósito tiene un plazo de 30 días adjunto, el inversionista no puede retirar su dinero hasta el final de ese plazo de 30 días. Si eligen hacerlo, el banco puede estipular que el inversionista debe pagar la multa por retiro anticipado.

El certificado de depósito ofrece un rendimiento, es decir, una tasa de interés, que se pagará al vencimiento del certificado. Este rendimiento, o tasa de interés, es ofrecido por la institución financiera y acordado por el inversionista. Es importante señalar que la tasa de interés, o rendimiento, en los certificados son fijados por las condiciones del mercado que prevalecen. Es decir, siempre que la tasa de interés sea establecida por la Reserva Federal y sirva de referencia, será la base de la tasa de interés ofrecida en el depósito. Como regla general, las inversiones a corto plazo tendrán menor rendimiento o tasa de interés. Las inversiones a más largo plazo tendrán un rendimiento más alto o una tasa de interés más alta.

Los certificados de depósito tienen menos riesgo inherente que otros tipos de vehículos de inversión, como títulos o acciones. Los intereses pagados sobre los certificados serán más bajos que otras inversiones de mayor riesgo. Al igual que los bonos, hay una institución que garantiza el pago del certificado. Por ejemplo, los bonos emitidos por estados soberanos están garantizados para ser pagados por ese estado. Entonces, a menos que un estado pueda entrar en incumplimiento, el bono será pagado.

Lo mismo ocurre con los certificados de depósito. A menos que la institución financiera emisora esté bajo riesgo de impago o quiebra, entonces es prácticamente garantizado que el certificado se pagará.

Otra nota importante: los certificados de depósito son una de las formas en que los bancos financian sus operaciones de préstamo. El dinero recaudado de la emisión de certificados de depósito se destina a la emisión de préstamos y créditos a otros clientes. Uno de estos tipos de certificados se llama certificados respaldados por hipotecas. Los certificados respaldados por hipotecas se adjuntan específicamente a los préstamos hipotecarios. Los inversionistas que estén dispuestos a comprar estos certificados hipotecarios pueden estar seguros de que su dinero está asegurado por las hipotecas que adquirirán otros clientes. Por lo tanto, el interés que cobra el banco, además del capital prestado, se utilizará para reembolsar a los inversionistas que compraron los certificados respaldados por hipotecas.

Los fondos de mutuales

Otro producto de inversión ofrecido por bancos e instituciones de inversión financiera son los fondos mutuales, mutualistas o de inversión.

En resumen, los fondos mutuales son un conjunto de dinero que se recauda de varios inversionistas. Los bancos invierten entonces esta colecta de fondos. Los fondos van hacia la inversión en valores, por ejemplo, acciones, bonos, y otros activos financieros.

Dado que los fondos mutuales se invierten en el mercado de valores, son manejados por administradores de dinero profesionales. Estos gerentes asignarán los fondos a una canasta de valores. Por ejemplo, los fondos mutuales pueden invertirse en productos básicos como el petróleo y el gas natural. Otros tipos de fondos mutuales pueden ir completamente a acciones.

La estrategia de inversión que implementan los administradores de dinero puede variar según la filosofía de cada fondo. Si los inversionistas desean obtener un mayor rendimiento de un fondo mutuo, pueden acordar que el fondo invierta en valores de mayor riesgo. Estos valores de mayor riesgo pueden incluir bonos corporativos que pueden ser emitidos por compañías en una posición financiera más riesgosa. Sin embargo, pueden ofrecer una mayor tasa de rendimiento.

Otras estrategias de inversión pueden buscar encontrar un enfoque más diversificado. Este enfoque diversificado puede destacarse invirtiendo en acciones, productos básicos y bonos. Los fondos mutuales diversificados ofrecen un mejor rendimiento y un riesgo reducido ya que el rendimiento del fondo no depende de un solo activo subyacente. De hecho, un fondo mutual diversificado distribuye el riesgo y compensa las pérdidas potenciales de un activo con las ganancias de otro

En términos generales, los fondos mutuales están compuestos por cientos de acciones diferentes. Por lo tanto, los fondos mutuales suelen estar diversificados, incluso si están totalmente invertidos en acciones. Sin embargo, los fondos mutuales incluirán bonos, entre otros valores, como un medio para compensar cualquier pérdida potencial de las acciones mismas.

En esencia, los fondos mutuales son como una pequeña empresa. Esta compañía tomará el dinero de los inversionistas y lo pondrá a trabajar en el mercado de valores. En muchos sentidos, es similar a un fondo de cobertura.

Como se señaló anteriormente, un fondo de cobertura es un club que toma dinero de inversionistas o miembros del club, e invierte ese dinero como un fondo común. Los fondos mutuales funcionan de la misma manera. Los fondos mutuales tienden a ser mucho más conservadores que los fondos de cobertura.

Por lo tanto, cuando las compras promedio de los inversionistas en un fondo de inversión, están en realidad comprando una parte de la propiedad en la corporación de fondo mutual. Entonces, cuando la corporación de fondos mutuales compra acciones de una compañía como Facebook, el inversionista promedio no está realmente comprando la propiedad de Facebook. Dado que el inversionista ha comprado una parte de la propiedad en la compañía de fondos mutuales, ese inversionista es en realidad el dueño de la compañía de fondos mutuales y no las acciones de las empresas en las que el fondo de inversión se ha invertido.

Existen diferentes tipos de fondos mutuales.

El primer tipo se llama "fondo mutuo de renta fija" . Un fondo mutuo de renta fija es un tipo que se invierte en bonos como bonos gubernamentales o corporativos. Como los bonos tienen un rendimiento fijo, ofrecen un ingreso fijo. Por lo tanto, existe una tasa de rendimiento esperada con la que los inversionistas pueden contar al comprar este tipo de fondo mutuo.

Otro tipo de fondo mutuo se llama "fondo indexado". Estos fondos generalmente están vinculados a uno de los principales índices bursátiles. Por ejemplo, fondos como estos pueden estar vinculados al Dow Jones, NASDAQ o S&P 500. El rendimiento de este tipo de fondos depende únicamente del rendimiento del mercado. Entonces, si el mercado está en auge, los inversionistas pueden esperar una tasa de rendimiento más alta. Por otro lado, si los mercados están caídos, los inversionistas pueden esperar una tasa de rendimiento más baja o incluso una pérdida potencial.

Otro tipo de fondo mutuo se llama "fondo equilibrado". Como dije anteriormente, este es el tipo de fondo que elige tener un enfoque equilibrado entre acciones y bonos. Un fondo equilibrado ofrece una estrategia de inversión diversificada que los inversionistas deberían considerar segura.

Una nota final es que los fondos mutuales tienen tarifas adjuntas. Estas tarifas se cobran por la administración del fondo. Hay una tarifa anual que se cobra por la operación del fondo. Esto puede variar del 1 al 3% del valor del fondo. Asimismo, puede haber otras tarifas que vienen en forma de comisiones. Estas comisiones se pagan por adelantado cuando los inversionistas compran el fondo. En resumen, esta es la forma en que las compañías de fondos mutuales ganan dinero al administrar el fondo en sí. Además, ganarán dinero con el rendimiento del fondo.

Anualidades

Las anualidades son otro tipo de inversión ofrecida por bancos o compañías de seguros. A menudo se los malinterpreta, ya que tienden a ser complejos en su cálculo. Básicamente, las anualidades son un tipo de seguro que el inversionista promedio pagará una tarifa mensual o anual, y al vencimiento del plazo, el inversionista recibirá una suma global de dinero que generalmente se paga mensualmente.

Al igual que cualquier otro seguro, la cantidad de dinero que pagará la anualidad dependerá de la prima pagada por el cliente. Así, si un cliente paga una prima mayor, recibirá un pago mayor. Según el plazo de la anualidad, el inversionista puede optar por recibir un pago a tanto alzado al vencimiento del fondo o recibir el pago mensual fijo.

Las anualidades son una inversión típica hecha con la jubilación en mente. Cuando un individuo decide comprar una anualidad, está pensando en contribuir una cantidad específica de dinero, por ejemplo, cada mes, con la intención de garantizar sus ingresos en sus años de jubilación.

Un inconveniente específico de las anualidades es que los pagos durarán un período específico de tiempo. Entonces, dependiendo de los términos de la anualidad, los pagos pueden hacerse por, por ejemplo, 20 años. Esto significa que al beneficiario se le garantizará un pago anual desglosado en pagos mensuales durante 20 años. Por lo tanto, existe el riesgo de que es el beneficiario puede sobrevivir el número de pagos acordados.

Otro inconveniente de las anualidades es que tienden a ser ilíquidas. El dinero que se deposita en una anualidad no puede retirarse hasta después de un período de tiempo como se especifica en los términos de la anualidad. Esto asegura que la anualidad no será insolvente, es decir, se quedará sin dinero para pagar a todos los demás inversionistas que compraron el fondo de anualidades.

En términos generales, las compañías de seguros venden las anualidades. Es por eso que funcionan de la misma manera que el seguro tradicional. Por ejemplo, el seguro de vida es un conjunto de dinero recaudado por todos los clientes que pagan las primas de sus pólizas de seguro de vida. Cuando una persona fallece, el dinero es retirado de ese fondo, y la póliza se paga. En consecuencia, las anualidades funcionan de la misma manera.

Las anualidades son un excelente complemento para los pagos del Seguro Social. Por tal razón, se recomienda que las personas consideren comprar una anualidad cuando no esperan cobrar la seguridad social. Esta es una forma de ahorrar dinero para los años de jubilación cuando las personas dependerán de un ingreso fijo.

Portafolios

Las carteras o portafolios de inversión son una colección de los diferentes tipos de activos financieros que un inversionista posee. Esta colección de activos puede variar desde acciones tradicionales, como acciones y bonos, hasta otros tipos de inversiones, como productos básicos, anualidades o efectivo depositado en cuentas bancarias tradicionales.

Las personas más ricas pueden buscar asesoramiento profesional de los administradores de dinero que les ayudarán a asignar sus activos de tal manera que generen el mayor rendimiento posible. La asignación de activos depende en gran medida de la estrategia de inversión seleccionada. Un inversionista que esté más inclinado a una estrategia a corto plazo y de alta ganancia elegirá asignar sus activos en instrumentos de mayor rendimiento y, por lo tanto, exponerse a un mayor nivel de riesgo. Por otro lado, los inversionistas con una estrategia a largo plazo pueden buscar invertir en vehículos de inversión más seguros, como bonos o anualidades.

Un punto importante a considerar es la necesidad de diversificar. Una cartera de inversiones compuesta únicamente por un tipo de activo supone un mayor nivel de riesgo. Por ejemplo, una cartera invertida únicamente en títulos como acciones representaría una exposición del 100% al mercado de valores. Por lo tanto, las fluctuaciones en el mercado pueden representar pérdidas o ganancias considerables para esa cartera en particular.

Un enfoque diversificado o equilibrado permitirá a los inversionistas asegurarse de que cualquier pérdida potencial pueda ser compensada por las ganancias producidas por otros activos en la cartera. Esto es por esto que es muy importante que el inversionista medio se familiarice con el contenido de su cartera. Por lo tanto, el seguimiento del rendimiento de una cartera es vital para proteger las inversiones contra posibles choques del mercado.

Esto no significa que el seguimiento de la cartera deba ser un trabajo de tiempo completo, pero sí significa que un inversionista debe ser consciente de dónde están sus activos y cómo se asignan.

Capítulo 4: Operaciones intradiarias (Day trading)

A lo largo de este libro, hemos discutido cómo los inversionistas pueden buscar oportunidades de inversión en diferentes mercados financieros. Hemos discutido acciones, bonos, fondos mutuales, productos básicos e incluso derivados.

Para que la mayoría de los inversionistas ingresen a los mercados financieros, deben contratar a un corredor para comprar y vender activos financieros en su nombre. Para hacer esto, los corredores deben tener una licencia oficial para hacerlo. Además, trabajan para instituciones financieras que están debidamente registradas y supervisadas por organismos reguladores oficiales del gobierno.

Sin embargo, un individuo promedio puede optar por ingresar a los mercados financieros por su cuenta. Esto se puede hacer a través de una empresa de corretaje que ofrece a los inversionistas promedio la oportunidad de administrar su propia cartera.

Los inversionistas individuales que buscan ingresar a los mercados financieros pueden hacerlo utilizando las plataformas en línea ofrecidas por las compañías de corretaje tradicionales. Todo lo que un individuo necesita hacer es abrir y financiar una cuenta y aprender a usar la plataforma. Esto permitirá que un individuo se convierta en corredor.

Uno de esos tipos de operadores se llama operador intradiario (day trader). Los operadores intradiarios son individuos que abren su posición al comienzo del día de negociación y generalmente cierran sus posiciones al final del día de negociación. Esta apertura y cierre generalmente corresponde a la apertura y cierre de una bolsa de valores importante. Por ejemplo, un operador puede optar por seguir la apertura y el cierre de la Bolsa de Nueva York.

Algunas personas han hecho que el comercio intradiario sea un trabajo a tiempo completo. La razón de esto es porque pueden ganar suficiente dinero para cubrir sus gastos y financiar su estilo de vida. Sin embargo, ser un operador intradiario es un esfuerzo altamente especulativo. Un operador intradiario debe ser muy consciente de los vehículos de inversión que está comprando cuando comprarlos, y lo más importante, cuándo venderlos. Es importante tener en cuenta que ser un operador intradiario requiere conocimiento, no solo en el funcionamiento de los propios mercados financieros, sino también en las plataformas y herramientas de inversión disponibles para ellos.

En este capítulo, analizaremos en profundidad lo que se necesita para convertirse en un operador intradiario. Pero antes de entrar en los detalles de convertirse en un operador, es importante señalar que este tipo de actividad no es para todos. Aquellos individuos que se convierten en operadores a tiempo completo deben, en última instancia, renunciar a sus trabajos para dedicar el tiempo y la atención necesarios para operar diariamente.

Además, ser un operador intradiario no es una fuente constante de ingresos. Así como es posible ganar grandes sumas de dinero en grandes ofertas, también es posible perder una considerable suma de dinero. Por lo tanto, las operaciones intradiarias no son el tipo de actividad donde puedes poner todos tus huevos en una canasta. Bien hechas, las operaciones intradiarias pueden convertirse en una actividad muy lucrativa.

Entonces, si ha llegado a este punto en este libro, es porque usted se toma en serio la participación en el comercio de activos financieros. Entonces, echemos un vistazo más de cerca a lo que se necesita para convertirse en un operador intradiario.

Cómo convertirse en inversionista

La primera regla para convertirse en inversionista es tener dinero para invertir. Eso significa que las personas que buscan convertirse en inversionistas deben tener algo de dinero extra reservado para este propósito. Para aquellas personas que viven de un sueldo a otro, la inversión puede no ser factible ya que todos sus ingresos se destinan a financiar su estilo de vida y tienen muy pocos ahorros.

Ahora, vale la pena señalar que no es necesario tener millones de dólares para convertirse en inversionista. La mayoría de las instituciones financieras requerirán una inversión mínima de alrededor de $ 500 para invertir en línea.

La segunda regla a considerar al convertirse en inversionista es establecer una estrategia de inversión. Las expectativas de los inversionistas definen las estrategias inversión. Es decir, lo que un inversionista busca obtener al invertir su dinero en un mercado financiero determinado. Si un inversionista busca hacerse rico rápidamente, puede optar por encontrar inversiones de alto rendimiento. Por supuesto, hemos discutido cómo las inversiones de alto rendimiento también conllevan un alto nivel de riesgo.

Lo que el inversionista promedio busca al poner su dinero a trabajar es generar fuentes alternativas de ingresos. Estas fuentes alternativas de ingresos son aquellas que no dependen de tener un trabajo. Si bien los trabajos pueden ofrecer un sueldo constante cada mes, el potencial de crecimiento salarial es bastante limitado. Para que un empleado reciba un aumento en su salario, se deben cumplir ciertas condiciones. En general, un aumento está asociado con una promoción o cambio a otro trabajo mejor remunerado

Las operaciones intradiarias pueden conducir a una situación en la que un inversionista puede generar suficientes ingresos pasivos por los cuales no se requerirá que el inversionista trabaje para financiar y mantener su estilo de vida. Lo que la mayoría de los inversionistas buscan en una estrategia de inversión es poder lograr la seguridad financiera y la libertad financiera. Este es el principio básico de convertirse en un inversionista.

Comparemos el hecho de ser un empleado y tener un sueldo estable con convertirse en un inversionista y tener un flujo constante de ingresos como resultado de invertir en instrumentos financieros.

Después de una cierta cantidad de años, los empleados pueden cobrar una pensión y/o seguridad social. Estos pagos generalmente se producen después de décadas de trabajo y garantizarán los ingresos de una persona durante sus años de jubilación, es decir, cuando ya no puedan trabajar. Las pensiones y la seguridad social son limitadas y su potencial de crecimiento es prácticamente nulo. Además, es posible que no se hereden más pensiones y pagos de seguridad social a las generaciones futuras.

Por otro lado, la inversión inteligente puede conducir a un potencial de crecimiento ilimitado de los ingresos. El potencial de crecimiento ilimitado se debe al hecho de que la inversión inteligente no se limita en ningún momento. De hecho, las inversiones rentables no solo generarán ingresos durante un período de tiempo ilimitado, sino que también aumentarán el ingreso generado. Un ejemplo de esto puede ser un fondo mutuo que gana valor con el tiempo.

Otros activos financieros con potencial de crecimiento ilimitado son las acciones. Por ejemplo, si un inversionista posee una cantidad determinada de acciones en una empresa cuya valoración se dispara debido a su rendimiento, este inversionista puede optar por vender y hacer mucho dinero gracias al crecimiento exponencial en la valoración de esa empresa.

La siguiente regla para convertirse en inversionista está relacionada con la mentalidad. Convertirse en inversionista depende en gran medida de la tolerancia al riesgo. Para aquellas personas que son reacias al riesgo, hay muchos vehículos de inversión seguros, como certificados de depósito o bonos del gobierno. Sin embargo, convertirse en un operador intradiario es una propuesta más arriesgada. Por lo tanto, se necesita una mentalidad más aventurera para tener éxito en las operaciones bursátiles. En muchos sentidos, convertirse en un inversionista exitoso significa que no tiene miedo de asumir los riesgos que conlleva ganar dinero invirtiendo en los mercados financieros.

Cómo comprar fondos en línea

La aparición de Internet ha permitido que el inversionista promedio tome el control de sus propias estrategias de inversión. En el pasado, un inversionista necesitaba pasar por un corredor para asignar su dinero a los mercados financieros. El Internet, sin embargo, ahora ofrece un sinfín de oportunidades para que el inversionista promedio hunda sus dientes.

Como tal, los inversionistas pueden usar Internet, mediante el uso de plataformas de negociación en línea, para comprar y vender acciones. Muchas de las grandes firmas de corretaje ofrecen plataformas de negociación que han invertido tiempo y dinero en el desarrollo de estos sistemas. En consecuencia, cualquier individuo con fondos suficientes puede optar por abrir una cuenta para comenzar a operar.

Se recomienda utilizar una plataforma de capacitación para aprender a comprar activos financieros. La razón de esto es porque un individuo promedio puede no estar familiarizado con la mecánica de comprar y vender acciones. Sin embargo, el uso de una plataforma de capacitación familiarizará a los nuevos inversionistas con la forma en que se negocian las acciones. Por lo tanto, el uso de una plataforma de compra-venta elimina la necesidad de un intermediario.

Esto permite a los inversionistas tomar el control total de la gestión de sus fondos. Esto es significativo ya que los corredores de bolsa y los administradores de dinero decidirán cómo invertir el dinero de un cliente. No hace falta decir que los clientes y los corredores no siempre se encuentran cara a cara con respecto a la estrategia de inversión. Por lo tanto, poder controlar las estrategias de inversión es una cualidad atractiva de las plataformas de negociación en línea.

Existen varias plataformas de negociación disponibles para el inversionista promedio. En este libro, no estamos respaldando ninguna plataforma de negociación en particular. Pero estamos abogando por el uso de plataformas de negociación para comprar y vender activos financieros. Se recomienda que el inversionista promedio analice todas las plataformas posibles que existen para poder elegir la que mejor se adapte a sus necesidades.

Por supuesto, no todas las plataformas son iguales. Algunas plataformas ofrecen una cantidad mínima más baja para financiar la cuenta, pero pueden cobrar tarifas comerciales más altas. Otras plataformas pueden tener una mayor aceptación pero cobran tarifas de transacción más bajas.

Otro aspecto importante a considerar al elegir una plataforma es el soporte que viene con esa plataforma específica. Algunas instituciones financieras ofrecen acceso a sus análisis y datos para que los titulares de cuentas puedan ver lo que los corredores de bolsa humanos están viendo y tomar decisiones de inversión en consecuencia.

Una cualidad interesante de las transacciones en línea es que las empresas de corretaje ofrecen cuentas de prueba gratuitas con sus plataformas. Estas plataformas ofrecen la experiencia real pero no requieren un depósito monetario. El inversionista recibe dinero virtual para invertir en la plataforma y tomar decisiones comerciales en consecuencia. Los resultados obtenidos de las transacciones realizadas en la cuenta de prueba gratuita son indicativos de los resultados que las transacciones reales habrían producido.

Un consejo muy importante aquí es tener cuidado con las tarifas de transacción. Las tarifas de transacción generalmente se cobran por operación. Una empresa de corretaje puede optar por cobrar una tarifa plana de $ 5 por transacción cada vez que un inversionista elige comprar o vender. Esto implica que automáticamente se aplicará una tarifa de transacción de $ 5 a todas las operaciones. Es muy importante tener esto en cuenta porque las tarifas de transacción se suman y podrían afectar las ganancias obtenidas en una operación.

Cómo comprar un fondo referenciado

Los fondos referenciados (tracker funds) son básicamente lo mismo que un ETF promedio. Los fondos referenciados son esencialmente un fondo indexado, como un fondo mutuo, y pueden indexarse a prácticamente cualquier mercado del mundo. En esencia, el éxito del fondo dependerá del rendimiento del índice que está rastreando. Por ejemplo, un fondo referenciado que está indexado al S&P 500 generará ganancias si el S&P 500 produce buenos resultados. Por el contrario, si el rendimiento del S&P 500 es pobre, entonces el fondo referenciado puede perder dinero.

El propósito de comprar un fondo referenciado es ganar exposición a una base más amplia. Entonces, en lugar de limitar la exposición a un determinado grupo de acciones o compañías, los fondos referenciados permiten a los inversionistas obtener exposición a todo el mercado. Por lo tanto, el desempeño del mercado no depende únicamente de un puñado de empresas. Más bien, es una medida del desempeño de todo el mercado.

Dado que un fondo referenciado es esencialmente un ETF, los inversionistas en realidad no poseen ninguna acción de ninguna compañía. El propietario real de las acciones es la institución financiera que vende el fondo referenciado. Por lo tanto, los fondos referenciados, o fondos indexados, son otra forma de activo en papel.

Los fondos referenciados también son una forma de inversión pasiva. Dado que el fondo está hecho de un amplio segmento del mercado, no existe una negociación individual de acciones individuales. Por lo tanto, los inversionistas que compran el fondo pueden sentarse y rastrear el rendimiento del mercado. Dado que el fondo depende del rendimiento del mercado, no hay un rendimiento específico asociado al fondo.

Los fondos indexados también son una excelente forma de inversión de bajo costo al tiempo que obtienen una exposición significativa a los mercados. Un buen indicador de qué tan bien se está desempeñando un mercado es el desempeño del mercado a lo largo del tiempo. Por ejemplo, si un mercado ha producido rendimientos anuales del 5% en los últimos 10 años, se puede esperar que un fondo indexado produzca un rendimiento de aproximadamente el 5%. Si el fondo índice se compra durante un mercado en alza, es decir, un mercado en expansión, se puede esperar que los rendimientos sean mayores. Sin embargo, si el mercado está bajista o pesimista, se podría esperar que los rendimientos del fondo sean más bajos.

Otra consideración importante con respecto a los fondos referenciados es que el riesgo tiende a ser menor ya que la exposición a todo el mercado diluye la posibilidad de riesgo. Posteriormente, los fondos indexados proporcionan un vehículo de inversión sólido que puede producir resultados basados en los promedios del mercado al tiempo que limita el riesgo a niveles aceptables.

También es importante tener en cuenta que hay costos y tarifas asociados a la compra y venta de estos fondos. Es por eso que es importante que los inversionistas hagan su investigación y descubran qué tarifas están asociadas a estos fondos.

Plataformas de inversión

Como se discutió anteriormente, no todas las plataformas de inversión son iguales.

Si bien todas las plataformas tienden a tener las mismas características, no todas tienen las mismas tarifas de transacción asociadas. Además, es importante tener en cuenta la disponibilidad de activos financieros que pueden negociarse en una plataforma determinada.

Por lo tanto, es muy recomendable que los inversionistas miren a los corredores de descuento que ofrecen servicios de inversión en línea. Estos corredores de descuento pueden ofrecer operaciones tan bajas como $ 2 por operación. Sin embargo, también es importante averiguar si hay tarifas de administración o mantenimiento, además de las tarifas de transacción.

Si opta por entrar en el comercio de divisas (FOREX), sería muy recomendable buscar una plataforma especialmente dedicada a FOREX. Además, si está buscando invertir en mercados fuera de los Estados Unidos, deberá buscar una plataforma con esas capacidades.

Como yo no estoy respaldando ninguna plataforma específica, es vital hacer investigación sobre cualquier plataforma con la que considere trabajar. Personalmente, no me registraría en ninguna plataforma de negociación que no me ofrezca una cuenta de práctica gratis.

Una cuenta de práctica gratis es crucial, ya que le dará una idea de cómo funciona la plataforma antes de que realmente arriesgue dinero real. Si puede producir buenos resultados en una cuenta de práctica, puede estar seguro de que realmente ganará dinero con el producto real. Sin embargo, las cuentas de práctica generalmente tienen una funcionalidad limitada, como un breve período de prueba. Por lo tanto, es importante aprovecharlo al máximo mientras pueda.

Otro aspecto importante a considerar es el tipo de soporte proporcionado para esa plataforma. Si una plataforma determinada ofrece poco soporte, entonces usted puede estar seguro de que si llega a tener problemas, usted estará por su cuenta. Este es uno de los peligros que vienen con las empresas de corretaje de descuento. Por lo tanto, si el soporte es importante para usted, entonces es posible que tenga que repartir algunos dólares adicionales en términos de tarifas de mantenimiento para obtener soporte.

Una regla de buena práctica es hacer una búsqueda exhaustiva en las opiniones de los clientes reales sobre el uso de una plataforma en la que está interesado. Además, puede optar por visitar las oficinas de esa empresa y obtener información de un ser humano real. Si puede conectarse con otros inversionistas, la referencia de boca en boca puede terminar siendo un salvavidas.

Cómo determinar cuándo comprar

Determinar cuándo comprar una acción o un vehículo de inversión es tanto un arte como una ciencia. Hasta ahora, no ha habido ningún inversionista que haya logrado perfeccionar un sistema que pueda determinar el momento adecuado para comprar una acción o capital.

Entonces, ¿cómo puede saber cuándo sería el mejor momento para comprar acciones.

La respuesta a esta pregunta depende de qué tan de cerca sigas a los mercados. Si está dispuesto a invertir el tiempo necesario para seguir las tendencias del mercado y obtener una idea clara de hacia dónde se dirigen las acciones individuales, puede tener una buena idea de cuándo comprar una en función de la tendencia de esa acción. Por ejemplo, si una empresa cotiza en un rango de $ 100 a $ 110, cualquier cosa en ese rango se consideraría normal.

Sin embargo, si esa acción en particular se ubicó por debajo de $ 100, y sabe que está muy por debajo de su precio de mercado habitual, puede suponer con seguridad que es hora de comprar. Por supuesto, debe comprender por qué las acciones cayeron por debajo de su piso, es decir, el precio de $ 100. Si se debe a las fuerzas del mercado, entonces puede comprar en la caída. Sin embargo, si la caída en el precio de una acción se debe a ganancias deficientes o problemas dentro de la empresa, entonces podría no ser el mejor momento para comprar esa acción. De hecho, comprar acciones de una empresa con problemas puede terminar costándole más dinero a largo plazo.

Es por eso que los corredores intradiarios viven y mueren por los análisis y la información a la que tienen acceso. Puede comprar servicios de suscripción premium a fuentes de información financiera que le proporcionarán análisis e información sobre las tendencias de los mercados, acciones individuales y otros vehículos de inversión.

Además, debe tener cuidado de no comprar cuando el mercado está en su punto más alto. Por ejemplo, si un mercado está batiendo récords, entonces debe tener mucho cuidado en qué acciones va a invertir. La razón de esto es que cuando compras en la parte superior, no hay otro lugar a donde ir que bajar. Del mismo modo, si compra en la parte inferior, no hay lugar a donde ir sino hacia arriba. Sin embargo, determinar dónde está ese fondo es tan difícil de predecir como el clima.

Saber cuándo comprar una acción o capital también depende de su instinto. Debe investigar y esforzarse por saber hacia dónde van las tendencias del mercado. Pero al final del día, hay un componente de intuición que le dirá cuándo es el momento adecuado para comprar. Esta intuición se afina a través de la experiencia y la comprensión de los mercados.

Otra advertencia: tenga cuidado con los expertos en televisión que afirman tener información privilegiada y le dicen cuándo comprar y cuándo vender. En última instancia, estos llamados expertos son humanos y podrían estar equivocados. Por eso es importante tomar cualquier asesoramiento financiero que se oye con recelo. Siempre he dicho, confía pero verifica. De esa manera, puede tomar una decisión informada sobre si comprar o esperar hasta que el precio baje aún más.

Cómo determinar cuándo vender

Determinar cuándo vender es tan difícil como determinar cuándo comprar.

Saber cuándo vender es una forma de arte. Muchos inversionistas cometen el error de esperar que el precio siga subiendo. Cuando comprenda la forma en que funciona la inversión, sabrá cuál sería el precio normal de una acción o patrimonio.

Por ejemplo, si una acción se cotiza en el rango de $ 100 a $ 110, un precio que está por encima de $ 110 sería un territorio para que usted considere vender. Suponga que esa acción en particular llega a 120. En ese momento, debe considerar vender porque si mantiene, el precio puede volver a bajar, y se perdería una buena oportunidad.

Si estaba jugando una estrategia a largo plazo y no le preocupa comprar y vender cada vez que el precio sube o baja, las fluctuaciones menores del mercado no deberían preocuparle. Sin embargo, si tiene una estrategia comercial a corto plazo, entonces necesita vender tan pronto como el precio supere un rango que ha determinado que es normal.

También puede escuchar el término "burbuja". Una burbuja consiste en el comportamiento de los inversionistas mediante el cual pagan cantidades cada vez mayores por una acción o capital en particular. Puede identificar fácilmente una burbuja cuando los precios son mucho más altos de lo que ha observado en el pasado. Por ejemplo, si la acción se cotiza a $ 100, pero ha aumentado progresivamente a 200, entonces podría considerar que es un territorio de burbujas, en ese momento, debe vender de inmediato. Si decide aferrarse a la acción con la esperanza de hacer un beneficio aún mayor, es posible que se comprometa con una mayor decepción cuando baje de precio, y vender con una ganancia menor.

Es por eso que saber cuándo vender depende de su mentalidad. Los inversionistas demasiado ambiciosos cometerán el pecado capital de mantener las acciones durante demasiado tiempo. En cierto modo, es mejor llegar un día antes que un día tarde. Siempre recomendaría vender en cualquier momento que esté obteniendo ganancias. Por esperar demasiado, puede acabar teniendo una pérdida potencialmente simplemente porque trató de sincronizar el tiempo del mercado

La sincronización del mercado es increíblemente difícil porque nadie sabe cuál podría ser la cima de ese mercado. Los mercados financieros son altamente volátiles e impredecibles. Por lo tanto, el sentido común, la intuición, y la experiencia le dirá cuándo será el momento adecuado para vender. Si vende demasiado pronto, no se preocupe; siempre habrá más oportunidades para comprar acciones sólidas a precios bajos.

Otro consejo importante es evitar intentar dar un jonrón. La mayoría de los inversionistas sueñan con limpiar en un solo transacción. Muchos se imaginan que hacer una negociación resolverá todos sus problemas por el resto de sus vidas. Bueno, esos acuerdos están disponibles, y existen, pero la probabilidad de llegar a un negocio es muy baja. Por lo tanto, nunca te arrepientas de vender siempre y cuando ganes dinero. Puede arrepentirse de una venta cuando pierda dinero.

Capítulo 5: El lenguaje de la inversión

En este capítulo, analizaremos tres elementos importantes que conforman cualquier estrategia de inversión exitosa. Hasta ahora, hemos discutido una gran cantidad de información relacionada con la mecánica de la inversión. Sin embargo, ha llegado el momento de centrarse más en la estrategia y los elementos cruciales que pueden hacer o deshacer una estrategia de inversión exitosa.

A menudo, los inversionistas pierden de vista estos elementos importantes, el primero de los cuales es la diversificación. La diversificación es un factor crucial para mitigar el riesgo.

Además, la gestión de riesgos es una parte fundamental de la gestión exitosa de la cartera. Cuando los inversionistas no entienden el riesgo o no se involucran en operaciones de alto riesgo, se exponen a la posibilidad de perder un poco, si no, todas sus inversiones.

Igualmente, las expectativas de los inversionistas juegan un papel fundamental en las decisiones que toman en la estrategia de inversión que se implementa. Una medida de estas expectativas es el rendimiento anual de las inversiones. Como tal, los inversionistas esperan ganar una cantidad específica de dinero derivado de sus inversiones.

Pero una cosa es manejar las expectativas, y otra para hacer frente a las ganancias reales. En consecuencia, las expectativas de los inversionistas se contrastan con las utilidades reales, y la diferencia determinará si una estrategia de inversión ha tenido éxito o no.

Esto es lo que llamamos el "lenguaje de la inversión". Y al comprender este lenguaje, puede mejorar sus posibilidades de convertirse en un inversionista exitoso. Al comprender este lenguaje, puede prepararse para el éxito.

La importancia de la diversificación.

La diversificación es un tema general en la inversión. Escuchará a los inversionistas hablar sobre este término al planificar sus estrategias de inversión.

Pero, ¿qué es la diversificación?

Bueno, la diversificación consiste, literalmente, en no poner todos los huevos en una sola canasta. La diversificación consiste en distribuir sus activos invertibles en diferentes tipos de inversiones.

Consideremos primero lo opuesto a la diversificación.

Considere un inversionista que tiene $ 100 destinados a invertir en el mercado de valores. Este inversionista elige poner sus $ 100 completos en acciones de una corporación. Si esa corporación es una compañía sólida y está ganando dinero, entonces las posibilidades de ganar dinero con esta inversión de $ 100 serán buenas. Sin embargo, si por alguna razón, la empresa se encuentra con problemas y publica informes de ganancias negativas, entonces las posibilidades de perder dinero pueden ser altas.

En este ejemplo, el inversionista está expuesto a un alto nivel de riesgo, ya que invertir en un activo financiero significa que sus posibilidades de ganar o perder dinero dependen del rendimiento de ese activo en particular.

Como tal, la diversificación se trata de mitigar y reducir el riesgo. Cuando distribuye sus huevos en diferentes canastas, se protege a sí mismo al determinar qué inversiones tendrán las mejores posibilidades de ganar dinero y potencialmente compensar las pérdidas en las que puedan incurrir otras inversiones.

Veamos esta estrategia de diversificación.

El inversionista que tiene $ 100 destinados a invertir, elige dividir esa inversión de $ 100 en cuatro partes. Eso significa que los $ 25 se asignarán a cada tipo de inversión. Los primeros $

25 irán al mercado de valores mediante la compra de acciones. Los próximos $ 25 se destinarán a la compra de fondos mutuales. El siguiente $ 25 se destinarán a la compra de bonos. Y los últimos $ 25 se invertirán en un certificado de depósito.

Como puede ver, esta estrategia de diversificación busca compensar las pérdidas potenciales de una clase de activos sobre la otra. Supongamos que el mercado de valores baja. Dado que las acciones han bajado, esa inversión de $ 25 ahora puede ser de $ 20. Sin embargo, el rendimiento de los fondos mutuales es mayor ya que ese fondo en particular ha sido indexado a un mercado diferente. La inversión inicial de $ 25 es ahora de $ 30. En este ejemplo, las ganancias de un mercado han compensado las pérdidas del otro. Como tal, este inversionista llegó a un punto de equilibrio.

Por lo tanto, la diversificación es crucial para garantizar el éxito de cualquier cartera de inversiones. Un claro ejemplo de esto son los fondos indexados (Index funds). Como se discutió anteriormente, los fondos indexados ofrecen a los inversionistas exposición a un mercado completo o un segmento considerable de uno. En consecuencia, el rendimiento de un fondo indexado depende del rendimiento de todo el mercado. Por lo tanto, si una acción individual tiene un rendimiento inferior, las acciones restantes pueden recuperar la holgura y compensar las pérdidas de una acción de bajo rendimiento.

Este ejemplo de diversificación ofrece a los inversionistas una red de seguridad. Si bien es cierto que siempre hay el riesgo en cualquier tipo de inversión, la diversificación sirve para reducir ese nivel de riesgo a niveles más manejables.

Otra ventaja clave de la diversificación es que la diversificación permite dividir una cartera en diferentes partes. Nuestro ejemplo anterior pone de relieve cómo una cartera pudiera ser dividida en cuatro partes. Por lo tanto, si una parte tiene un rendimiento inferior, el inversionista puede optar por deshacerse de ese componente en particular y asignar esos fondos a activos de mejor rendimiento. Esto sería prácticamente imposible bajo una estrategia de inversión que se centra únicamente en una clase de activo o una acción individual.

Retorno anual de inversiones

La mejor medida del éxito de una inversión es lo que se conoce como "rendimiento anual de las inversiones". Dicho anteriormente, el rendimiento anual de la inversión comienza con las expectativas de los inversionistas. Es decir, lo que los inversionistas esperan ganar al asignar recursos hacia una inversión. Por ejemplo, un inversionista que reserva $ 100 en una inversión determinada esperará ganar una cantidad específica al final de un año. Por lo tanto, el término tasa de rendimiento anual.

Sin embargo, es importante realizar un seguimiento del rendimiento real de una inversión determinando la ganancia o pérdida de esa inversión.

Asumamos lo siguiente:

Un inversionista que asignó $ 100 para la compra de una acción individual espera obtener un retorno del 10% al final de un año. Esta expectativa se basa en el rendimiento anterior de las acciones y las tendencias del mercado. Por lo tanto, el inversionista espera obtener $ 110 al final de un año. Esto se conoce como la tasa de rendimiento esperada.

A lo largo del año, se ha realizado un seguimiento del rendimiento de las acciones. Al final del año, la acción produjo un retorno del 10%. Esto significa que las expectativas de los inversionistas estaban a la par con el rendimiento real de las acciones. Supongamos ahora que el mismo stock, al final de un año, produjo un retorno del 7%. Eso significa que no se cumplieron las expectativas de los inversionistas. Por el contrario, esa misma acción produjo un rendimiento del 11%, lo que significa que se superaron las expectativas de los inversionistas.

Este ejemplo subraya la importancia de gestionar tanto las expectativas como la realidad. Cuando los inversionistas tienen expectativas poco realistas, pueden optar por participar en prácticas de inversión más riesgosas. Esto es cierto para los fondos de cobertura que juegan en el mercado de derivados.

En el mercado de derivados, hay un amplio margen para obtener ganancias significativas que superen los rendimientos tradicionales del mercado. Para un inversionista particular, los rendimientos esperados pueden estar vinculados a la de mercado promedio. Por ejemplo, si un mercado dado ha producido, en promedio, un rendimiento del 5% anual durante la última década, entonces sería seguro asumir que un rendimiento del 5% sería probable.

Además, el riesgo juega un factor importante. Si un inversionista busca reducir el riesgo, puede aceptar una tasa de rendimiento más baja para una inversión determinada. Es importante destacar en este punto que la tasa de rendimiento no es más que el dinero que espera obtener de la inversión.

Para calcular el retorno de la inversión, se puede utilizar la siguiente fórmula:

ROI = (Ganancia de la inversión - Costo de inversión) / Costo de inversión

Como puede ver, esta fórmula contempla la ganancia de una inversión, es decir, el aumento en el precio de una inversión menos el costo de la inversión misma. Este resultado se divide por el costo de la inversión. El resultado se expresa en términos porcentuales. Por lo tanto, cuanto mayor sea el porcentaje, mayor será el rendimiento de la inversión.

Esta fórmula no tiene en cuenta ningún período de tiempo específico. Y si bien es una forma simple de calcular el retorno de la inversión, el período de tiempo que mide depende de los datos que se proporcionan a esa fórmula.

Veamos un ejemplo práctico:

Un inversionista elige invertir $ 100 en acciones de la compañía ABC. Después de un mes, este inversionista elige vender sus acciones de la compañía ABC. El precio de venta fue de $

110. En la superficie, es fácil ver que el inversionista ha ganado $ 10.

Ahora, apliquemos la fórmula que vimos anteriormente.

ROI = (110-100) / 100 = 0.1 o 10%

Los resultados del cálculo de esta fórmula muestran cómo este inversionista ganó 10% en un período de un mes. Además, este cálculo podría hacerse durante un período de un año. Por lo tanto, este cálculo se puede realizar durante cualquier período de tiempo siempre que los datos reflejen esa cantidad de tiempo.

El cálculo del rendimiento de la inversión permite a los inversionistas determinar si su inversión es rentable y si dichas inversiones cumplen con los rendimientos esperados.

Los resultados producidos por el cálculo del retorno de la inversión permiten a los inversionistas determinar si vale la pena asignar su dinero a un vehículo de inversión determinado o si estarían mejor preparados invirtiendo su dinero en otro lugar.

Otra nota: no todas las inversiones tienen el mismo rendimiento. Algunas inversiones producen mayores rendimientos que otras. Por lo tanto, el retorno de la inversión refleja la actitud de aversión al riesgo que pueden tener los inversionistas. Además, es un reflejo de la estrategia de inversión de los inversionistas.

Gestión de riesgos

La gestión de riesgos es un factor crucial que debe considerarse como parte de cualquier estrategia de inversión sólida.

A lo largo de este libro, hemos discutido la importancia de comprender el riesgo y tomar las precauciones necesarias para manejarlo de manera efectiva. Cuando los inversionistas tienen clara la importancia de la gestión de riesgos, pueden tomar medidas efectivas para asegurarse de que sus inversiones estén protegidas.

Además, las decisiones sobre la asignación de inversiones están profundamente arraigadas en el riesgo implícito de ese vehículo de inversión. Para los inversionistas que son más reacios al riesgo, buscarán invertir en instrumentos financieros que se consideren más seguros. Estos instrumentos incluyen en bonos del gobierno, certificados de depósito, bonos corporativos de alta calidad o fondos de inversión más conservadores.

Los inversionistas institucionales, como los fondos de cobertura, generalmente buscan mayores rendimientos de sus inversiones. Como tal, estos inversionistas institucionales son más propensos a asumir mayores niveles de riesgo. Conjuntamente, son los primeros en cobrar cuando vencen los pagos de esas inversiones.

Para el operador intradiario promedio, el riesgo es una parte fundamental para comprender qué acciones comprar. Los operadores intradiarios que tienen una estrategia de inversión conservadora a largo plazo pueden optar por comprar acciones de compañías de renombre que tienen un historial sólido. Estas compañías no solo pagarán un dividendo saludable sino que también reducirán la probabilidad de incumplimiento potencial o quiebra.

Es muy importante que los operadores intradiarios, o inversionistas promedio, comprendan la importancia de un enfoque más equilibrado. Como se señaló en la sección sobre diversificación, un enfoque equilibrado permite distribuir el riesgo entre diferentes clases de activos y vehículos de inversión. En consecuencia, la diversificación es el antídoto para que los inversionistas contrarresten los riesgos inherentes a cualquier inversión que elijan hacer.

Al mismo tiempo, hemos observado que un mayor riesgo implica un mayor rendimiento. Esta es la razón por la cual los inversionistas institucionales, como los fondos de cobertura o los grandes bancos de inversión, optarán por asumir un mayor riesgo para maximizar sus rendimientos potenciales. Un inversionista promedio debe ser cauteloso de participar en operaciones riesgosas, ya que un mal negocio podría representar pérdidas significativas para su cartera.

Asimismo, una cartera que está cargado de inversiones de alto riesgo puede conducir a una pérdida potencialmente catastrófica cuando una caída del mercado borre las ganancias potenciales. Esto incluso puede incurrir en pérdidas. En las películas de Hollywood, es común ver cómo los corredores de bolsa apuestan con el dinero de sus inversionistas en inversiones de alto riesgo y alta recompensa solo para perder todo su dinero en una rápida desaceleración del mercado. Si bien es cierto que tener éxito en una maniobra como esta, puede convertir a los ciudadanos comunes en millonarios de la noche a la mañana, el hecho es que el riesgo supera con creces cualquier ganancia potencial.

El riesgo puede cuantificarse mediante el uso de modelos estadísticos. Estos modelos requieren grandes cantidades de conjuntos de datos para alimentarlos y producir una predicción relativamente precisa de dónde radica el riesgo en una inversión en particular. El inversionista promedio, que negocia en una plataforma en línea, puede tener acceso a los modelos estadísticos que pueden proporcionar información sobre el riesgo potencial de una inversión.

De esta manera, algunas pautas generales a seguir sobre las inversiones son los siguientes

- centrarse en las tendencias históricas de ese tipo de inversiones
- busque asesoramiento profesional si no está seguro de si una inversión es potencialmente riesgosa
- evite invertir en instrumentos o activos financieros, de los cuales no sabe nada o muy poco
- cuidado con las modas pasajeras. Cuando vea que una gran cantidad de inversionistas acuden a un vehículo de

inversión en particular, tal vez sea hora de mantenerse alejado de él.

En última instancia, la experiencia, el sentido común y la intuición le dirán si el riesgo que asume en una inversión dará sus frutos al final. Es importante tener en cuenta que nunca estará libre de riesgos. Siempre existe el riesgo en cualquier tipo de inversión disponible. Por lo tanto, si una inversión ofrece retornos más altos de lo normal, debe hacer su tarea y asegurarse de no estar preparándose para pérdidas significativas en el futuro.

Capítulo 6: Comenzando desde cero: Cómo crecer como los profesionales

Todos los buenos inversionistas necesitan motivación.

A menudo, los inversionistas están motivados por la necesidad de ganarse la vida. Es cierto que Hollywood tiende a retratar a los inversionistas como individuos codiciosos cuyo único propósito de invertir es ganar la mayor cantidad de dinero posible. Bueno, eso puede ser cierto, el inversionista promedio, ya sea grande o pequeño, es impulsado por una necesidad humana fundamental de ganarse la vida.

Por supuesto, todos sueñan con hacerse ricos algún día, especialmente si esto se puede hacer sin recurrir a esfuerzos extremos. Además, algunas personas buscan enriquecerse rápidamente. La historia ha demostrado que hacerse rico rápidamente es tan difícil como nadar a través del Océano Atlántico. Es decir, no está completamente fuera de discusión, pero es extremadamente difícil.

En este capítulo, vamos a echar un vistazo a algunos de los inversionistas más famosos de la historia. Observaremos sus experiencias personales y cómo se hicieron ricos como inversionistas exitosos. De sus historias, destilaremos algunas de las lecciones más importantes sobre inversión.

Vale la pena señalar que cualquier inversionista que está empezando debería echar un vistazo a los inversionistas de éxito del pasado y aprender de sus historias de éxito personal. Teniendo en cuenta que cada individuo es diferente, el punto aquí no es copiar o imitar las acciones tomadas por otros.

Las decisiones tomadas en el pasado se basaron en las circunstancias de ese momento. El presente ahora tiene un conjunto diferente de circunstancias que pueden motivar decisiones diferentes. Sin embargo, hay principios generales y lecciones que son válidas a lo largo de cualquier período de la historia.

A través de estas lecciones aprendidas, los inversionistas nuevos o inexpertos pueden obtener una comprensión mucho más amplia de lo que se necesita para convertirse en un inversionista exitoso. Las personas que analizaremos en este capítulo esencialmente lo han enriquecido.

¿Eso significa que este debería ser el objetivo final de cada inversionista?

No necesariamente. En primer lugar, cada inversionista debe determinar incluso por qué está invirtiendo. Esto permitirá el desarrollo de una estrategia de inversión. Una vez que un inversionista ha encontrado su estrategia de inversión, se vuelve mucho más fácil tomar decisiones basadas en esa filosofía de inversión. Por lo tanto, los inversionistas destacados en este capítulo eran personas que comenzaron con prácticamente nada y se abrieron camino a través de las filas. Sus historias están destinadas a inspirar y motivar al inversionista promedio al comprender que todo es posible.

Sin embargo, una advertencia: es peligroso compararte a ti mismo, como inversionista con los inversionistas de grandes ligas como Warren Buffett. El peligro aquí radica en el hecho de que muchos de estos inversionistas profesionales han estado en este juego durante mucho tiempo. Han pasado por altibajos, han tenido muchas pérdidas y se han recuperado. Su característica principal ha sido el enfoque y el impulso para permanecer en el mercado y perfeccionar sus habilidades.

En consecuencia, se recomienda que evite compararse con otros inversionistas, ya que cada una de las circunstancias de los inversionistas individuales es diferente. Si bien aprender de los inversionistas exitosos es una forma significativa de desarrollar sus propias habilidades de inversión, tener una estrategia de inversión clara le permitirá visualizar el mapa de ruta en el que ha decidido viajar. Al vigilar esta hoja de ruta, evitará la tentación de involucrarse en comportamientos riesgosos que pueden poner en peligro su cartera de inversiones en general.

Warren Buffet

El primer inversionista que vamos a ver es Warren Buffett.

Warren Buffett es posiblemente el inversionista más famoso y legendario de la historia. Su sociedad de inversiones (holding company), Berkshire Hathaway, gestiona miles y miles de millones de dólares en activos. Estos activos incluyen bonos de renta variable, corporaciones privadas e inversiones en efectivo.

Warren Buffett no nació rico. De hecho, era solo un niño promedio que crecía y tenía una buena cabeza para los negocios. Desde temprana edad, le gustaba construir negocios e invertir su dinero. Era conocido por ser un adolescente muy prudente. El dinero que ganaba con trabajos de verano y después - quehaceres de la escuela, se dejen de lado en una cuenta de ahorros. Creía que si ahorraba su dinero, no solo tendría suficiente para un día lluvioso, sino que podría invertir ese dinero en la construcción de su propio negocio.

Buffet recuerda haberse inspirado en un libro escrito por Benjamin Graham conocido como "El inversionista inteligente". Este libro no solo inspiró a Buffett a convertirse en un inversionista, sino que también le proporcionó las pautas generales para convertirse en un inversionista exitoso.

Benjamin Graham, por derecho propio, es considerado uno de los inversionistas más exitosos de la historia. Sin embargo, su tiempo fue completamente diferente al de Warren Buffett. Warren Buffett creció en Omaha, Nebraska, en la década de 1940. Benjamin Graham tuvo que convertirse en un exitoso inversionista en las décadas de 1920 y 1930. Sin embargo, los principios de inversión propuestos por Graham permitieron a Warren Buffett derivar su propio conjunto de principios y pautas que marcaron su estrategia de inversión a lo largo de su carrera.

Hoy, Warren Buffett está constantemente entre las cinco personas más ricas del mundo. Si miras más de cerca la biografía de Warren Buffett, notarás que apenas es una persona llamativa y extravagante. De hecho, siempre ha sido un niño aficionado a la prudencia y la frugalidad. Él no es el tipo de persona de negocios a quien verás viajando en autos lujosos y viviendo en opulentas mansiones.

Las estrategias de inversión de Warren Buffett siempre se han centrado en el crecimiento incremental. Esto implica que los inversionistas no deberían buscar una bala mágica. Las balas mágicas son solo eso: magia. Por lo tanto, no representan una verdadera estrategia de inversión sostenible. Muy por el contrario, Buffett propugna una estrategia de inversión que se centra en ganancias pequeñas e incrementales. Con el tiempo, estas ganancias incrementales más pequeñas se obligarán mutuamente a formar un crecimiento exponencial.

Warren Buffett también es conocido por su apreciación del interés compuesto. En resumen, el interés compuesto consiste en tomar una suma específica de dinero, depositarlo en una inversión y permitir que las ganancias de esas inversiones se acumulen con el tiempo. El interés compuesto resalta cómo pequeñas ganancias incrementales pueden conducir a un mayor crecimiento exponencial.

Básicamente, la capitalización funciona de la siguiente manera:

Consideremos una inversión segura, como un certificado de depósito. Si un inversionista elige depositar $ 100 en ese certificado, al vencimiento del certificado, el inversionista recibirá los $ 100 más los intereses pagados en ese certificado. En este punto, el inversionista puede optar por gastar el dinero que se produjo de la inversión. O bien, el inversionista puede optar por volver a depositar los $ 100 más los intereses obtenidos de esa inversión en un nuevo certificado de depósito. El nuevo certificado de depósito ahora calculará su rendimiento en función de los $ 100 más los intereses de esa inversión. Con el tiempo, la cantidad invertida crecerá y crecerá a través de incrementos más pequeños hasta que llegue a un punto donde crezca exponencialmente. Dado que la suma invertida ha crecido considerablemente en comparación con la inversión inicial, podemos decir que la inversión se ha multiplicado.

Como puede ver, esta no es la estrategia de inversión más emocionante. Pero es prácticamente garantizado que los inversionistas ganarán dinero. Sin embargo, esta es una estrategia de inversión a largo plazo y puede no ser atractiva para aquellos que buscan enriquecerse rápidamente.

Teniendo en cuenta que Warren Buffett es una de las personas más ricas del mundo, estaba en lo cierto con su estrategia de inversión. Es por eso que jugar a lo seguro a menudo vale más a largo plazo que tirar los dados para obtener una ganancia a corto plazo.

Chris Gardner

Chris Gardner es otro de los inversionistas más famosos del mundo. Su ascenso a la fama provino de su autobiografía que se convirtió en una película de Hollywood protagonizada por Will Smith. El éxito de esta película titulada "En busca de la felicidad " catapultó a Chris Gardner a la historia de la inversión.

Si alguna vez hubo una historia de pobreza a la riqueza, es la de él. Si está interesado en aprender más sobre el viaje de Chris Gardner de los harapos a la riqueza, puede ver la película de Hollywood que narra su viaje.

Por ahora, nos centraremos en cómo se convirtió en un individuo rico.

Después de luchar contra la adversidad, obtuvo su licencia de corretaje. Luego se convirtió en un corredor de bolsa en una de las firmas de corretaje más grandes de Nueva

York. Inicialmente, invirtió con el dinero de sus clientes. A medida que ganaba comisiones derivadas de sus exitosos negocios, tomó algunas de sus ganancias y las invirtió en su propio nombre. Su éxito con el dinero de sus clientes, y el suyo propio, lo llevó a obtener riqueza de manera similar a Warren Buffett.

El éxito de la estrategia de inversión de Chris Gardner se basó en reinvertir sus ganancias en inversiones. Entonces, pudo resistir la tentación de tener una vida de alto vuelo como resultado de su nueva riqueza como comerciante de acciones. De hecho, mantuvo un perfil bajo durante muchos años mientras acumulaba una cantidad significativa de riqueza.

Su trayectoria y reputación como comerciante exitoso le permitieron comenzar su propia firma de inversión de capitales. Gardner, junto con otros socios comerciales, creó una de las firmas de inversión más grandes y exitosas de Nueva York.

Gardner finalmente vendió su participación en esta firma de inversión y reinvirtió sus procedimientos en activos que ahora financian su estilo de vida. Ahora es un orador motivador que se centra en cómo triunfar sobre la adversidad y convertirse en un inversionista exitoso.

El núcleo de su estrategia de inversión se basa en vivir dentro de sus posibilidades. Es decir, no importa cuánto dinero ganes, es importante tener en cuenta que tener un estilo de vida alto no es propicio para generar riqueza a largo plazo. Este es un vínculo común entre Gardner y Buffett.

Por lo tanto, los inversionistas que buscan construir una riqueza considerable y libertad financiera deben comprender que mantener un estilo de vida equilibrado, junto con inversiones prudentes, les permitirá hacerse ricos y ayudarlos a lograr la seguridad y la libertad financieras.

Un vínculo común muy importante entre Chris Gardner y Warren Buffett es la aversión al riesgo. Estos dos inversionistas son conocidos por ir a lo seguro la mayor parte del tiempo. Si bien hay momentos en los que debes ser agresivo, es importante entender que jugar a lo seguro te llevará a la meta casi siempre.

Otra nota importante sobre Chris Gardner: su mayor motivador fue proporcionar a su familia una buena vida. Esto subraya la importancia de la familia y la provisión para las generaciones futuras sobre las actitudes de la mayoría de los inversionistas. Por lo tanto, es crucial que cualquier estrategia sostenible a largo plazo considere un enfoque equilibrado en el que se mitigue el riesgo tanto como sea posible.

Ken Langone

Ken Langone es un inversionista tradicional de la vieja escuela. Es un empresario e inversionista multimillonario estadounidense cuyo ascenso a la fama está financiando a los fundadores de The Home Depot.

Al igual que Warren Buffett y Chris Gardner, los comienzos de Ken Langone son humildes, por decir lo menos. No heredó una gran fortuna de su familia adinerada. De hecho, él es una historia de éxito sobre cómo un individuo puede ascender en las filas del mundo de los negocios y lograr el éxito final.

Los primeros años de la carrera de Langone comenzaron en Wall Street como operador de bolsa y consultor financiero. Sus primeros esfuerzos se centraron en el desarrollo de nuevos negocios. Como tal, su compañía invirtió en nuevos y prometedores negocios. Estas inversiones comenzaron a crecer considerablemente a medida que las empresas tuvieron éxito.

En la década de 1970, Langone continuaría inventando lo que ahora se conoce como Capital de Riesgo (Venture Capital). El capital de riesgo, o VC, es un término que se utiliza para describir a los inversionistas individuales y las instituciones que financian nuevas empresas de nueva creación.

Como se describió en un capítulo anterior, los inversionistas que adquieren participaciones en empresas privadas durante su fase inicial de puesta en marcha pueden hacer una fortuna cuando una empresa privada se hace pública durante su salida a bolsa. Así es como despegó la legendaria carrera de inversión de Ken Langone. Entre los negocios exitosos que su empresa ayudó a financiar, The Home Depot se destaca como el más grande.

A diferencia de Warren Buffett y Chris Gardner, que se hicieron ricos en el mercado de valores, la carrera de Ken Langone como capitalista de riesgo destaca la importancia de tener una visión al elegir las mejores inversiones disponibles. Es necesario que los capitalistas de riesgo tengan la previsión, la experiencia y el conocimiento para determinar qué empresas de nueva creación podrían crecer y convertirse en empresas exitosas.

Sin embargo, hay un hilo común entre Buffett, Gardner , y Langone. Todos creen en tener un comportamiento de inversión prudente. Esto es muy importante para los inversionistas de capital de riesgo ya que invertir en las empresas de inicio plantea un riesgo considerablemente más alto que en bonos corporativos. No hay garantías de que una empresa emergente sea rentable y mucho menos crecer en una empresa que alcanza la fase de salida a bolsa.

Por lo tanto, se necesita ejercer mucho control para determinar en qué nuevas empresas invertir. Algunos negocios emergentes ven fabulosas en el papel, pero en realidad, carecen de los fundamentos que les permitirán convertirse en un negocio exitoso en la práctica. Otras veces, las nuevas empresas tienen buenos productos o ideas de negocios, pero sus fundadores pueden carecer de las habilidades de gestión y el conocimiento empresarial necesarios para transformar un producto potencialmente exitoso en un gran negocio.

Entonces, la moraleja de la historia es que los inversionistas deben mantener la cabeza fría cuando consideren posibles inversiones.

Oprah Winfrey

Oprah Winfrey, mejor conocida como personalidad de la televisión, también es una inversionista multimillonaria. Es una de las mujeres más ricas del mundo y ha demostrado cómo las estrategias de inversión inteligentes pueden tomar a un individuo promedio y convertirlas en multimillonario.

Al igual que los inversionistas anteriores que hemos discutido en este capítulo, Oprah Winfrey no proviene de una familia rica. De hecho, se abrió camino a través de las filas de los estudios de televisión hasta el punto en que pudo obtener su propio programa de televisión durante el día.

La mayoría de las personas se habrían contentado perfectamente al convertirse en una famosa personalidad de televisión y vivir de los ingresos que conlleva ese estado. De hecho, Oprah Winfrey tenía una buena vida gracias a su talento y éxito en televisión.

Sin embargo, destaca una actitud importante que todos los inversionistas deben tener en cuenta: no estaba contenta con el éxito que había logrado. De hecho, ella buscaba aumentar sus inversiones, no por codicia, sino por el deseo de lograr un mayor éxito.

Al igual que los inversionistas anteriores discutidos en este capítulo, la codicia no es un factor motivador; más bien es el éxito. Todos los inversionistas exitosos son impulsados por lograr el éxito. La complacencia no está en su vocabulario. Y así, buscan construir sobre éxitos pasados.

Oprah Winfrey es un buen ejemplo de cómo las prudentes estrategias de inversión de Warren Buffett son altamente exitosas. Un ejemplo de ello es la inversión en una compañía llamada Weight Watchers. En octubre de 2015, invirtió $ 43 millones en la compra de acciones valoradas en $ 7 por acción. Eventualmente, Weight Watchers despegó, y el precio de sus acciones pasó de $ 7 a $ 101. Esto significó que la inversión inicial de Oprah de $ 43 millones se convirtió en $ 427 millones.

Este ejemplo subraya cómo comprender el valor oculto en una acción de bajo rendimiento puede conducir a ganancias sustanciales. Es por eso que los inversionistas siempre deben hacer su tarea e investigar nuevas oportunidades. Si buscas entrar en una acción, o en el mercado, cuando todo el mundo está tratando de entrar, entonces es muy probable que sea demasiado tarde.

Esta filosofía de comprar bajo, vender alto es uno de los principios básicos de todos los inversionistas exitosos. La parte difícil es poder identificar esas oportunidades de inversión. El factor más importante que puede ayudar a cualquier inversionista a alcanzar el éxito en una empresa como esta proviene de la experiencia y el aprendizaje. Aquí es donde cada inversionista exitoso debe tomarse el tiempo para hacer el esfuerzo necesario para dominar su oficio. Esto les permitirá llegar a un punto en el que puedan aprender a identificar con éxito las posibles oportunidades de inversión.

Andrew Carnegie

El último inversionista que veremos en este capítulo es Andrew Carnegie.

Andrew Carnegie fue uno de los hombres más ricos de la historia. Su ascenso la fama se produjo durante la era industrial en los Estados Unidos. Al igual que los cuatro inversionistas anteriores que hemos discutido, él no provenía de una familia rica. De hecho, era hijo de inmigrantes escoceses que llegaron a América sin nada a su nombre.

Se abrió camino en el mundo de los negocios y finalmente se hizo un nombre en la industria del acero. La industria del acero fue una de las industrias que impulsó la expansión económica estadounidense hasta el punto de convertirse en una potencia mundial. Sus inversiones en el desarrollo de la industria del acero le permitieron acumular una fortuna considerable.

Y aunque es más famoso por ser un magnate de los negocios, también fue famoso por ser un inversionista inteligente en los primeros mercados de valores estadounidenses. Su filosofía de inversión no se basaba en la codicia o la ambición. De hecho, llegaría a ser conocido como uno de los mejores filántropos de la historia de Estados Unidos. Se estima que donó alrededor de $ 9.5 mil millones de su riqueza a organizaciones de caridad.

Andrew Carnegie es un sello distintivo de cómo invertir en un negocio puede hacerte rico. Como se discutió anteriormente, la mayoría de los inversionistas no buscan participar activamente en la administración de un negocio. La mayoría de los inversionistas buscan asumir un papel pasivo invirtiendo en negocios y, por lo tanto, generar ingresos a través de la inversión pasiva.

Pero al igual que Ken Langone, comprender qué empresas tienen el potencial de crecimiento es tanto un arte como una ciencia. Andrew Carnegie tuvo la previsión de comprender cuán importante sería la industria del acero durante la era industrial en Estados Unidos. Es seguro decir que si hubiera decidido pasar su tiempo y esfuerzos en una industria diferente, no se habría convertido en el magnate en el que eventualmente se convirtió.

Al comprender que la expansión industrial estadounidense requería acero, pudo capitalizar una oportunidad de mercado singular. Esto ejemplifica cómo cada período en la historia ofrece oportunidades para que las personas se vuelvan ricas al participar en industrias y negocios emergentes.

En retrospectiva, aquellos que ingresaron temprano en Internet y las empresas basadas en Internet fueron visionarios, ya que pudieron ver cómo Internet revolucionaría el mundo tal como lo conocemos. Lo mismo vale para Carnegie. Tuvo la previsión de comprender cómo el acero no solo permitiría el desarrollo de la industria misma, sino que también se convertiría en un elemento fundamental de la industria del automóvil.

La principal lección de Andrew Carnegie es que los individuos ricos no necesariamente se engendran en el mercado de valores. También pueden provenir del mundo de los negocios. Al comprender cómo las empresas pueden llegar a ser exitosas, puede encontrar oportunidades para ingresar mientras esas empresas aún están en sus fases iniciales. Si logra ingresar durante esta fase, realmente puede hacerse rico cuando el negocio tenga éxito.

Capítulo 7: Gobernanza

Los mercados financieros, o el mundo de los negocios, son sistemas altamente complejos que necesitan gobernanza y regulación.

Ahora, entiendo que demasiada regulación no es algo bueno. Sin embargo, las reglas básicas son necesarias con el fin de asegurar que esté garantizado el buen funcionamiento.

Las normas que rigen los mercados financieros son establecidas por ley. Estas leyes se aplican a las instituciones que componen cada mercado y pueden variar de un país a otro.

En los Estados Unidos, existen leyes y regulaciones locales y federales que deben observarse al invertir. Si bien este libro no es una guía de derecho corporativo, analizaremos algunos de los fundamentos de la gobernanza.

Pero primero, es importante que usted, como inversionista, busque asesoramiento profesional y asesoría legal con respecto a sus derechos y obligaciones. Es de suma importancia que comprenda cómo se aplican las reglas a usted. De lo contrario, podría cometer un error que podría terminar costándole dinero o incluso tiempo en prisión.

Dicho esto, la gobernanza tiene un doble papel. Este doble papel se aplica tanto a los inversionistas como a los corredores. Como tal, hay conjuntos de reglas: un conjunto que se aplica a las instituciones financieras y un conjunto que se aplica a los inversionistas individuales.

En general, el propósito de un inversionista individual es ganar la mayor cantidad de dinero posible. Como tal, se pide a los inversionistas individuales que cumplan con los procedimientos descritos en la legislación aplicable de la misma manera que se exige a las instituciones financieras.

En el caso de las instituciones financieras, tienen un mayor número de requisitos que están obligados a cumplir, ya que sus actividades involucraron grandes cantidades de capital y regulan actividades potencialmente fraudulentas.

Si ha seguido los mercados bursátiles durante algún período de tiempo, puede ver cómo ha habido muchos casos de fraude o prácticas corruptas. Por lo tanto, se promulga legislación para abordar las prácticas ilegales.

Cuando se discute las regulaciones del mercado, hay un "antes" y un "después ".

El "antes" se refiere al tiempo anterior a la promulgación de la Ley Glass-Steagall de 1933. El Congreso de los Estados Unidos aprobó esta ley en ese momento para cerrar las lagunas y finiquitar la actividad irresponsable, ilegal e incluso fraudulenta que condujo a El colapso del mercado de 1929.

Una de las cuestiones centrales que Glass-Steagall abordó fue el uso de información privilegiada.

El uso de información privilegiada consiste en ejecutivos dentro de una empresa que cotiza en bolsa, que tienen conocimiento interno de la posición financiera de una empresa, explotan esa posición privilegiada para su propio beneficio.

Un buen ejemplo del uso de información privilegiada se conoce como "bombeo (pump) y descarga (dump)". Los esquemas de bombeo y descarga son aquellos en los que los ejecutivos de la compañía eluden la posición financiera de una compañía al no ser francos con respecto a la situación financiera de la compañía. En algunos casos extremos, los ejecutivos han ido tan lejos como falsificar libros contables y estados financieros para presentar una posición financiera saludable.

En consecuencia, los precios de las acciones de esa compañía suben. Los expertos compran las acciones de su propia empresa mientras está en aumento. Pero como son perfectamente conscientes de la posición financiera de la compañía, se desharán de las acciones antes de que la compañía explote.

Entonces, la parte de "bombeo" es donde los expertos manipulan artificialmente la posición financiera de una empresa, por lo que los precios de las acciones suben. Luego, la parte de "descarga" viene cuando los de adentro venden sus acciones. Los incautos compradores piensan que están haciendo un gran negocio sólo para descubrir que fueron engañados cuando la empresa colapsa. Cuando la compañía finalmente cae, los accionistas de esa compañía se quedan con certificados de acciones sin valor.

Un gran ejemplo de esto es Enron. Enron era una empresa de energía que se metió en petróleo, gas natural, y la electricidad. Los ejecutivos de esa sociedad condujeron un esquema de la bombeo y de descarga que se llenaron los bolsillos de dinero en efectivo y dejaron accionistas absolutamente en quiebra. La peor parte de este esquema fue que estos ejecutivos invirtieron el fondo de pensiones de sus empleados en sus acciones. Cuando Enron se derrumbó, el fondo de pensiones de los empleados se evaporó.

El caso de Enron destaca cómo los mercados son propensos a la manipulación y por qué se necesita una regulación para evitar dicha actividad.

Sin embargo, en 1929, la regulación era mucho más flexible. Luego, permitió a los inversionistas codiciosos manipular los precios, la emisión de acciones y, finalmente, arrojarlas a un público desprevenido. El resultado final fue el mayor caída de la historia.

La Ley Glass-Steagall también creó lo que ahora se conoce como la Comisión de Bolsa y Valores (SEC). La SEC es el organismo regulador que supervisa la regulación de los mercados financieros en los Estados Unidos. Países de todo el mundo tienen entidades similares, aunque su tamaño, función, y poder pueden variar de país a país.

La SEC ha desempeñado un papel central desde 1933 en la vigilancia de los mercados financieros.

Cuando Enron se derrumbó en 2001, la SEC investigó los supuestos cargos de fraude. Posteriormente, los altos ejecutivos de la compañía fueron arrestados y condenados por cargos de fraude.

En esencia, Glass-Steagall estaba destinado a proteger a todos los actores en los mercados financieros al prohibir una práctica muy importante que alimentó el colapso de 1929: la capacidad de los bancos de convertirse en bancos comerciales y de inversión.

Hagamos una parada rápida aquí.

Bajo Glass-Steagall, un banco no podía ofrecer productos de ahorro y préstamo a los clientes mientras incursionan simultáneamente en los mercados financieros.

Por lo tanto, si un banco tenía prácticas comerciales, es decir, ofrecía productos de ahorro y préstamo a los clientes, no podían dar la vuelta y ofrecerles vehículos de inversión que el propio banco administrara. Los mejor que los bancos comerciales podían hacer era ofrecer fondos mutuales que luego se colocarían bajo la administración de una institución de inversión.

Lo que logró esta separación de la inversión y la banca comercial fue la eliminación de un conflicto de intereses inherente. Este conflicto de intereses proviene de la capacidad de un banco para monopolizar los mercados. Si un banco creció demasiado, podría poner en peligro todo el sistema financiero si se hundiera.

Glass-Steagall fue derogado en 1999.

Esto significaba que los bancos podían participar tanto en actividades de inversión como comerciales. El resultado final de esto fue que los bancos más grandes comenzaron a comprar bancos locales más pequeños. Esto condujo a una concentración significativa de bancos mediante la cual los grandes bancos recogieron más y más dinero del público.

Y esto también condujo a la crisis financiera de 2008.

En esencia, la crisis financiera de 2008 no fue más que bancos que sumergieron sus pies en prácticas de inversión riesgosas. En aras de la brevedad, la derogación de Glass-Steagall permitió a los bancos tomar depósitos de los clientes y luego dar la vuelta y emitir hipotecas.

Dadas las condiciones económicas de la época, el dinero era abundante en el sistema bancario de los Estados Unidos. Sin embargo, los fondos de cobertura comenzaron a comprar lo que se llama "valores respaldados por hipotecas" (MBS). Los MBS proporcionaron un rendimiento sólido que estaba prácticamente garantizado que nunca fallaría, ya que estaba respaldado por las propiedades hipotecadas.

Aquí es donde entra la parte difícil.

Cuando los fondos de cobertura se dieron cuenta de que los bancos estaban haciendo dinero entregado a ellos primero en el mercado hipotecario, les pidieron a los bancos una parte. Aquí es donde los bancos agruparon un sinnúmero de hipotecas, consiguieron una agencia de calificación crediticia para certificarlas como buenas y se fueron a los fondos de cobertura.

Los fondos de cobertura ganaron mucho dinero ya que los préstamos eran de alta calidad y los deudores pagaron.

Aquí viene la bifurcación en el camino.

A lo largo de este libro, hemos hablado sobre cómo el inversionista promedio no está impulsado por la codicia, sino por el deseo de ganar la mayor cantidad de dinero posible para lograr la libertad financiera. Bueno, los fondos de cobertura no tienen esa motivación. Los fondos de cobertura son impulsados para ganar más y más dinero.

Entonces, los bancos comenzaron a relajar su selección de solicitantes de préstamos y entraron en las hipotecas de alto riesgo (sub-prime) ahora infames. Una hipoteca de alto riesgo no es más que una hipoteca otorgada a una persona con un puntaje de crédito bajo. Bajo estándares más estrictos, no habrían calificado. Pero en las condiciones más relajadas, pasaron fácilmente. Y, ahí cayeron las MBS de las que los fondos de cobertura se alimentaron.

Toda la casa de naipes se vino abajo cuando los prestatarios comenzaron a incumplir con los pagos de su casa. Las ejecuciones hipotecarias se acumularon, y el resto es historia.

A raíz de la crisis financiera de 2008, el Congreso de los Estados Unidos aprobó en 2010 la Ley de Reforma Reguladora Financiera de Dodd-Frank. Además, otros países endurecieron sus regulaciones bancarias para evitar otra crisis en otras partes del mundo. .

Hoy, las prácticas de préstamo se han vuelto mucho más estrictas. Pero la amenaza subyacente sigue siendo que los bancos se hacen cada vez más grandes y los inversionistas siguen teniendo sed de rentabilidad.

Legislación de corredores de bolsa

La discusión anterior pone de relieve la importancia de contar con una legislación que es capaz de regular las prácticas bancarias y de inversión con éxito.

Como resultado de los ejemplos presentados, las regulaciones para los comerciantes son bastante estrictas. Aquí hay una lista rápida de algunos de los instrumentos legales actuales aplicables a los comerciantes de acciones:

- La Ley de Valores de 1933 (no debe confundirse con Glass-Steagall)
- Ley de la Bolsa de Valores de 1934.
- Ley de Fideicomiso de 1939.
- Ley de sociedades de inversión de 1940.
- Ley de asesores de inversiones de 1940.
- Ley de Protección del Inversionista de Valores de 1970 (SIPA).
- Ley Sarbanes-Oxley de 2002 (como respuesta al escándalo de Enron)

- Ley de reforma de Dodd-Frank Wall Street y protección del consumidor de 2010.

Vale la pena señalar que una serie de disposiciones contenidas en Dodd-Frank han sido derogadas desde su promulgación. La Ley sigue vigente, pero ha pasado de ser un documento de 2.500 páginas a más de 22.000 páginas. Por lo tanto, el estudio de esta Ley es un trabajo a tiempo completo.

Además, la agencia encargada de hacer cumplir esta legislación es la SEC. La SEC tiene el poder de cerrar cualquier institución financiera sospechosa de actividades ilegales y acusar a los inversionistas individuales de fraude. Los críticos de la SEC han señalado que le ha faltado la fortaleza para enviar a los grandes ejecutivos bancarios a la cárcel. Sin embargo, la SEC tiene un historial consistente de llevar al estafador ante la justicia.

Le animo a que haga su tarea y lea esta legislación. Le ayudará a comprender mejor las aguas por las que navegará. Sin embargo, los comerciantes diarios no son responsables de estas leyes, ya que se consideran inversionistas individuales. Sin embargo, sus actividades comerciales probablemente pasarán por una institución financiera debidamente supervisada. Por eso es importante tener una comprensión clara de su posición.

Legislación aplicable a los inversionistas.

Con respecto a los inversionistas individuales, la legislación aplicable es la misma que rige para los corredores y las instituciones financieras. Es por eso que es mejor familiarizarse con los términos de la legislación para evitar cometer errores y arriesgarse a sanciones severas.

En resumen, los inversionistas deben preocuparse por evitar cualquier cosa fraudulenta o ilegal. Más allá de eso, lo mejor que pueden hacer los inversionistas es asegurarse de mantener buenos registros en caso de que algo suceda. Además, siempre es bueno verificar con qué instituciones financieras está haciendo negocios, especialmente si no está familiarizado con ellas o si nunca ha oído hablar de ellas.

Le animo a que busque asesoramiento legal en caso de que no esté familiarizado con algo establecido en los contratos o la documentación legal.

Otra cosa: si alguna vez sospechas que alguien con quien está haciendo negocios puede estar participando en actividades riesgosas, busca asesoramiento legal. Si algún socio comercial se involucra en actividades fraudulentas o ilegales, y se puede demostrar que lo sabía, también podría estar enganchado.

Consideraciones fiscales

En materia de impuestos, lo mejor es que busque asesoramiento profesional en este asunto. Los impuestos pueden ser complejos y a menudo requieren conocimientos especializados. A la larga, podría ser mejor consultar con un contador profesional o un contador público certificado para asegurarse de que cumple con las leyes fiscales locales y federales.

Igualmente, los corredores a tiempo completo están sujetos a un sistema impositivo diferente, ya que no son empleados ni autónomos. Es de vital importancia planificar también una estrategia fiscal sólida junto con su estrategia de inversión para evitar que el IRS (Oficina de Impuestos sobre la Renta) esté en conflicto. Los errores con los impuestos pueden ser costosos e incluso pueden causar problemas legales.

Capítulo 8: Cómo ganar el juego del mercado de valores

En este capítulo, analizaremos algunas estrategias de inversión adicionales que pueden ayudarlo a adelantarse al juego del mercado de valores. Hasta ahora, hemos discutido una cantidad de elementos importantes asociados con la estrategia de inversión. Sin embargo, los inversionistas suelen pasar por alto las cuatro estrategias que discutiremos en este capítulo.

Estas cuatro estrategias están diseñadas para ayudarlo a obtener una comprensión más clara de cómo puede transformar las estrategias que hemos descrito anteriormente en enfoques de inversión global mucho más exitosos.

Como se indicó anteriormente, una estrategia de inversión se basa en las expectativas de los inversionistas. A los fines de este libro, estamos considerando una estrategia de inversión mucho más conservadora ya que no abogamos por prácticas de inversión riesgosas.

El objetivo de una estrategia de inversión conservadora es permitir a los inversionistas, en primer lugar, obtener suficientes ingresos para financiar su estilo de vida y pagar sus necesidades básicas. Una vez que se cubren las necesidades básicas, los inversionistas pueden pasar a cosas más grandes y mejores. Dicho esto, cosas más grandes y mejores pueden ser lograr una verdadera libertad financiera.

Una nota importante es que las estrategias descritas en este capítulo se centran más en maximizar el valor y el rendimiento con respecto a la cantidad invertida. Es decir, maximizar el retorno de la inversión en función del costo de cada inversión realizada.

Entonces, echemos un vistazo más de cerca a cada una de estas estrategias de inversión.

Inversión de valor

La primera estrategia que discutiremos en este capítulo se llama inversión de valor.

La inversión de valor consiste en una estrategia de inversión que busca adquirir acciones que se negocian por menos de su valor en libros.

Dicho esto, es importante definir la diferencia entre el valor en libros y el valor de mercado.

Primero, el valor en libros de una acción es el que se informa en el balance de una empresa. Todas las empresas que cotizan en bolsa tienen un valor en libros, es decir, el valor real de las acciones en función del balance de una empresa. Este valor en libros se calcula por la suma de todos los activos físicos y no físicos de la compañía. Ejemplos de activos físicos pueden ser maquinaria, inventarios de bienes, equipos de oficina, etc. Los activos no físicos pueden incluir patentes, propiedad intelectual o cualquier otro activo no tangible incluido en su balance general.

Los pasivos de una empresa contrarrestan estos activos. En otras palabras, los pasivos no son más que las obligaciones o deudas de dos compañías a pagar.

El resultado final de esta consideración se llama capital de una empresa. Es decir activos (-) pasivos = patrimonio neto.

Consideremos un ejemplo:

Los activos totales de la Compañía ABC ascienden a $ 100. Además, Compañía ABC tiene pasivos por valor de $ 75. Por lo tanto, el capital de ABC es de $ 25.

Ahora, supongamos también que Compañía ABC tiene 10 acciones en circulación. Eso significa que debemos dividir el patrimonio de $ 25 de Compañía ABC por sus 10 acciones en circulación. El resultado se resuelve a un precio por acción de $

2.50. En consecuencia, el valor contable de la compañía ABC en sus acciones es de $ 2.50.

Asumiendo que Compañía ABC es una compañía exitosa, está produciendo resultados saludables y pagando a los inversionistas una buena ganancia; los inversionistas buscarán comprar acciones de Compañía ABC. Esto implica que las acciones de la Compañía ABC tienen demanda y, como se mencionó anteriormente, cuando la demanda excede la oferta, el precio subirá.

En este sentido, los inversionistas consideran que las acciones de Compañía ABC valen $ 5 cada una. Este es el valor de mercado de las acciones. Se llama "valor de mercado", ya que es lo que los inversionistas están dispuestos a pagar para adquirir estas acciones. En este ejemplo, las acciones de Compañía ABC valen el doble de su valor en libros. Eso es un valor de mercado de $ 5 en comparación con el valor en libros de $ 2.50.

Ahora, supongamos otro escenario:

Continuamos asumiendo que las acciones de la compañía ABC valen $ 2.50. Sin embargo, el valor de mercado de las acciones es de $ 2. Esto significa que las acciones de la compañía ABC se negocian en el mercado por menos de su valor en libros.

Esto puede deberse a muchas razones. Por ejemplo, Compañía ABC es relativamente nueva en el mercado y no ha llamado la atención de los inversionistas. Otra razón podría ser que la compañía ha tenido un rendimiento inferior últimamente, por lo que los inversionistas creen que no es una inversión que valga la pena. Esto ha llevado al valor de mercado de las acciones a caer por debajo de su valor en libros.

Aquí es donde entra en juego la inversión de valor.

Un inversionista inteligente puede darse cuenta de que el desempeño deficiente de Compañía ABC no se debió a su incapacidad para producir buenos resultados, sino que se debió a factores más allá de su control, por lo que los inversionistas castigaron injustamente a Compañía ABC al tirar las acciones.

Este es un ejemplo clásico de una propuesta de compra baja y alta.

Como inversionista, si puede detectar esa oportunidad, puede ponerse en condiciones de limpiar y obtener una ganancia significativa. Puede que tenga que aferrarse a las acciones por más tiempo del que quisiera y la esperanza de que la compañía surja - sin embargo, una palabra de precaución. Si las acciones caen más, es hora de que venda inmediatamente y reduzca sus pérdidas. Por otro lado, si las acciones aumentan repentinamente, es hora de que venda inmediatamente porque no puede estar seguro de que las acciones continuarán aumentando indefinidamente.

Las acciones de valor por ahí. Algunos de los cuales fueron conocidos como acciones de micro capitalización o de centavo. Las acciones de micro capitalización obtienen su nombre porque los precios de las acciones valen menos de un dólar cada uno. En un sentido más amplio, las acciones de centavo se refieren a la inversión de valor. Para encontrar gemas ocultas, tendrás que invertir tiempo e investigar para encontrar esas gemas ocultas. Sin embargo, las ganancias potenciales que pueden lograrse mediante la inversión de valor pueden compensar el tiempo y el esfuerzo necesarios para encontrarlas.

Inversión de crecimiento

Otra estrategia útil para los inversionistas es la conocida como inversión de crecimiento. Este tipo de inversión consiste en comprar acciones de una empresa y aferrarse a ellas mientras el capital o patrimonio de esa empresa continúa creciendo. La inversión de crecimiento requiere una comprensión profunda de la estructura interna de una empresa y la propuesta de valor para sus clientes. A menudo, el crecimiento de la inversión viene de las empresas que son de bajo rendimiento o no han hecho su gran paso todavía.

La inversión de crecimiento no necesariamente tiene que suceder en el mercado de valores. Los inversionistas en crecimiento pueden tratar de invertir en empresas privadas de la misma manera que lo hacen los capitalistas de riesgo con las empresas emergentes.

Consideremos un ejemplo:

Compañía ABC está en su fase inicial. Los fundadores de esta compañía buscan adquirir financiamiento para expandir sus operaciones. Y así, se han acercado a bancos y capitalistas de riesgo. Esta primera ronda de financiamiento requiere una inversión de $ 1,000. Los fundadores de Compañía ABC han decidido que necesitan ese dinero para financiar la compra del equipo necesario para expandir sus operaciones.

Por lo tanto, los capitalistas de riesgo han decidido invertir en Compañía ABC ya que sienten que la propuesta de valor ofrecida por esta compañía finalmente dará sus frutos. A cambio de los $ 1,000 en financiamiento, los fundadores de Compañía ABC están dispuestos a entregar el 25% del control de su compañía. En este ejemplo, el 25% de la participación accionaria en Compañía ABC vale $ 1,000.

Dado que el potencial de crecimiento de la Compañía ABC parece bastante bueno, los inversionistas han decidido conservar las acciones a medida que la compañía crece. De hecho, Compañía ABC ha despegado. Las ventas han aumentado, y su reconocimiento del nombre ha crecido sólido en su mercado.

El valor contable de las acciones de la Compañía ABC resultó ser $ 4,000 cuando los capitalistas de riesgo las compraron. Esto se puede inferir considerando que el 25% es igual a $ 1,000 y que el 25% es ¼ del patrimonio total de la Compañía ABC. Entonces, $ 1000 multiplicado por 4 nos da un total de $ 4,000.

Como tal, el valor en libros de Compañía ABC de $ 4,000 al momento de la primera ronda de inversión ha crecido a $ 8,000. Este crecimiento es el resultado de prácticas comerciales sólidas y crecimiento orgánico como se ve en el aumento de la participación de mercado y las ganancias de la compañía. En este punto, los capitalistas de riesgo han decidido que es hora de vender su participación en Compañía ABC y han encontrado otro grupo de inversionistas que están dispuestos a pagar las acciones de acuerdo con su nuevo valor en libros.

Dado que el capital de Compañía ABC se ha duplicado, la participación de los capitalistas de riesgo en la compañía ahora vale $ 2,000. Acordaron vender y recaudar $ 2,000. Esto implica que los capitalistas de riesgo han obtenido una ganancia de $ 1,000

En este ejemplo, los inversionistas no hicieron una inversión especulativa en el mercado de valores suponiendo que el precio de las acciones subiría basado en las fuerzas del mercado. Este ejemplo destaca que hay mucho dinero para invertir en empresas privadas. Además, las empresas que cotizan en bolsa pueden ofrecer a los inversionistas individuales la oportunidad de comprar acciones directamente de ellos. Este tipo de transacción es un medio de evitar la necesidad de un corredor o una firma de corretaje.

Por lo tanto, vale la pena el esfuerzo de investigar un poco y descubrir si las empresas que cotizan en bolsa ofrecen planes de compra directa, o si hay empresas privadas que buscan financiación de los inversionistas.

Inversión de ingresos

La tercera estrategia en este capítulo se llama inversión de ingresos o inversión por ingresos.

En este enfoque, los inversionistas buscan asignar inversiones de tal manera que las inversiones produzcan un ingreso constante a lo largo del tiempo. Los inversionistas de ingresos buscan esencialmente una fuente de ingresos que les ayude a financiar su estilo de vida.

A diferencia de la compra-venta de acciones tradicional que busca invertir las acciones para obtener ganancias y que no representan un flujo constante de ingresos, los inversionistas de ingresos están trabajando para hacer inversiones más seguras en activos que producirán ingresos con el tiempo.

Un ejemplo clásico de este tipo de inversión es el sector inmobiliario. Los inversionistas inmobiliarios compran propiedades que pueden alquilar y les proporcionan un flujo constante de ingresos al final de cada mes. No hace falta decir que el sector inmobiliario tiene su propio conjunto de riesgos y puede no ser tan rentable como invertir en acciones. Además, el sector inmobiliario requiere una cantidad considerable de inversión inicial en términos de tiempo y dinero.

Los inversionistas que buscan un flujo constante de ingresos y que no desean dedicar una cantidad considerable de tiempo y dinero a investigar e involucrarse en la administración de sus activos pueden elegir entre una amplia gama de instrumentos financieros para satisfacer sus necesidades. Hemos discutido varios de estos instrumentos. Sin embargo, los revisaremos una vez más para identificar una estrategia financiera sólida.

Los activos que generan ingresos más seguros son los bonos. De la cantidad tipo de bonos disponibles se destaca por los de gobierno, o soberanos, que ofrecen el menor riesgo y también los rendimientos más bajos. A menos que un país esté en mayor riesgo de incumplimiento, puede estar seguro de que un país asumirá su obligación de deuda y hará efectivo el pago de bonos más intereses. Con el fin de mantener su flujo constante de ingresos, los inversionistas pueden optar por renovar sus bonos y recoger el interés que se paga por ellos en un punto dado en el tiempo.

Otro tipo de inversión que genera ingresos de manera regular es un certificado de depósito. Los certificados de depósito producen un rendimiento en forma de interés y pueden pagarse de acuerdo con los términos de la inversión. Estos términos pueden ser mensuales o anuales. Además, un inversionista puede optar por asignar fondos invertibles en un certificado de depósito respaldado por hipoteca. A diferencia de los valores respaldados por hipotecas, los certificados de depósito respaldados por hipotecas son aquellos en los que los bancos recaudan fondos del público para financiar hipotecas para sus clientes.

Además, los inversionistas pueden optar por comprar acciones en empresas públicas o privadas. El plan aquí es no negociar las acciones cuando los precios suben o bajan. La lógica del inversionista, en este caso, se basaría en los dividendos producidos por la empresa. Este dividendo, o rendimiento, para cada cuota , proporcionarán un tipo de ingreso que los inversionistas pueden recoger anualmente, o en cualquier otro punto en el tiempo.

Otro tipo de estrategia de inversión de ingresos es una anualidad. Como se indicó anteriormente, las anualidades son un tipo de inversión que funciona de manera parecida a un seguro tradicional. Las anualidades pagan un pago fijo mensual o anual al vencimiento de la anualidad. Esta es una gran estrategia de inversión para las personas que buscan financiar su jubilación. El único cuidado que se debe tener en cuenta al considerar una anualidad es que las anualidades solo se pagan por el tiempo especificado en el contrato. Por lo tanto, si una anualidad realizará pagos mensuales durante 20 años, existe la posibilidad de que el inversionista sobreviva a su anualidad. En consecuencia, un inversionista puede optar por retrasar el cobro de la anualidad el mayor tiempo posible.

Inversión pasiva

El tipo final de estrategia de inversión discutido en este capítulo corresponde a la inversión pasiva.

La inversión pasiva significa que los inversionistas asignarán sus fondos invertibles a vehículos de inversión que generarán ingresos, generarán dividendos, pagarán intereses o cualquier otro tipo de beneficio en el que el inversionista no tenga ningún tipo de participación.

El ejemplo clásico de una inversión pasiva son las regalías. Las regalías son pagos fijos que se realizan durante períodos de tiempo específicos y se derivan de la titularidad de los derechos de propiedad intelectual o patentes. Por ejemplo, los autores de libros cobran regalías por las ventas de sus libros mucho después de que su libro fue escrito y publicado originalmente. Del mismo modo, los músicos y los artistas cobran regalías por sus obras artísticas durante muchos años después de que estas obras se hayan publicado.

El inversionista promedio puede optar por implementar una estrategia de ingresos pasivos. Al igual que la inversión entrante, el objetivo principal de la inversión pasiva es proporcionar a los inversionistas un flujo constante de ingresos. La diferencia entre el ingreso y la inversión pasiva es que la inversión pasiva no involucra al inversionista de ninguna otra manera que no sea la inversión inicial en sí.

Un gran ejemplo de inversión pasiva es comprar en una empresa privada. Esto se conoce comúnmente como ser un compañero silencioso. Los socios silenciosos proporcionarán fondos para un negocio, pero no participarán activamente en la gestión del negocio de ninguna manera. Los socios silenciosos a menudo tienen asientos en las juntas, pero solo en un papel representativo. Pueden tener voz, pero no voto o pueden tener voz y voto, pero solo se requiere que estén presentes en reuniones específicas de la junta.

Otro tipo de inversión pasiva a través de la propiedad comercial es a través de la compra de franquicias. Las franquicias son estructuras comerciales que ya se han establecido de tal manera que los inversionistas no necesitan desarrollar el negocio en sí de ninguna manera. Las franquicias ofrecen una estructura comercial que ya ha demostrado ser exitosa. En consecuencia, un inversionista pagará las tarifas y regalías correspondientes por el uso del modelo de negocio. A cambio, el propietario de la franquicia recaudará las ganancias derivadas de la operación de ese negocio.

Otra excelente forma de participar en la inversión pasiva es mediante la compra de ETF. Como se describió anteriormente, los ETF son fondos que agrupan el dinero de los inversionistas y apuestan por un activo o valor subyacente. Como tal, los inversionistas solo necesitan pagar el ETF y cobrar sus ganancias en el punto especificado en el contrato. Por ejemplo, los ETF petroleros tienen el petróleo como su activo subyacente. Los gerentes de ETF comerciarán con petróleo, mientras que el inversionista no está obligado a hacer nada. Las ganancias de la ETF dependen del precio del petróleo ya que esta es la mercancía en que la ETF se basa.

Hay numerosos ETF disponibles. Por lo tanto, los inversionistas harían bien en investigar los diferentes tipos de ETF disponibles y elegir el que mejor se adapte a sus expectativas y enfoque de inversión. A los fines de la inversión pasiva, los ETF ofrecen una gran oportunidad para comprar un fondo que no requiere mucho trabajo más allá de las revisiones periódicas del rendimiento de esos fondos.

Capítulo 9: Estrategias comerciales avanzadas

Felicitaciones por llegar tan lejos en el libro. Debo admitir que ha sido un viaje increíble. Espero que hayas disfrutado leyendo este libro tanto como yo he disfrutado escribiéndolo. Se ha invertido mucho tiempo e investigación en la producción de las páginas que acaba de leer.

Pero espera!

Todavía nos queda un capítulo más.

En este capítulo, nos ocuparemos en los tres enfoques de tipos de inversión más riesgosos en los que se puede participar un inversionista promedio. Esta es la razón por las hemos dejado para el final.

A lo largo de este libro, hemos alentado una estrategia de inversión conservadora. La razón de esto es que las prácticas riesgosas requieren que los inversionistas tengan más habilidades y experiencia. El riesgo es un factor que a menudo se pasa por alto debido a la ambición de los inversionistas.

Sin embargo, discutiremos propuestas más riesgosas para que pueda tener una idea de cómo puede sumergir los dedos de los pies en una faceta más emocionante de la inversión en acciones.

Una advertencia antes de continuar: cada vez que se involucra en una estrategia de inversión de mayor riesgo, es importante que haga su tarea y cubra su espalda. Dicho esto, si algo sale mal y usted recibe un golpe considerable en sus inversiones, puede terminar perdiendo una cantidad considerable de dinero, si no todo.

Con eso en mente, sigamos adelante y analicemos las siguientes tres estrategias que pueden ayudarlo a obtener ganancias considerables en un corto período de tiempo.

Venta corta

Una jerga de inversión, a menudo escuchará los términos "largo" y "corto".

En esencia, una posición larga es cuando posee el activo subyacente que se está negociando.

Por ejemplo, estoy vendiendo un auto. Soy el propietario registrado del vehículo, y todos los derechos para hacerlo. Como he decidido venderlo, los compradores interesados tendrán la seguridad de que estoy vendiendo algo que es legalmente mío. En consecuencia, los ingresos de esta venta pueden generarme una ganancia o una pérdida.

Por otro lado, la venta en corto consiste en vender un activo que no le pertenece.

Puede preguntarse: ¿cómo es posible vender un activo que no es de su propiedad?

Bueno, la respuesta es bastante simple.

Considere vender un automóvil como ejemplo. Puedo vender un automóvil que no me pertenece si un cliente viene a mí y me pide que venda su automóvil por ellos. Como soy dueño de una gran cantidad de autos usados, tengo la infraestructura necesaria para anunciar el auto y proporcionar a los compradores interesados el asesoramiento que necesitan para comprarlo.

Ahora, considerando que no soy el propietario legal del automóvil, los ingresos de la venta del automóvil no me pertenecen. Pertenecen al legítimo propietario del automóvil. La forma en que ganaría dinero en este tipo de acuerdo es cobrando una comisión. El dueño del auto y yo hemos acordado el precio de venta. Del precio de venta total, un cierto porcentaje de eso iría al propietario. La porción restante me pertenece como mi comisión.

Al igual que vender un automóvil para otra persona, las ventas en corto o las posiciones cortas, son posiciones que los inversionistas toman para vender acciones que pertenecen a otra persona. Esta propuesta se vuelve más riesgosa que la inversión tradicional, ya que implica que las acciones y valores se venderán a un precio determinado en el mercado.

La venta en corto también implica un contrato vinculante que responsabiliza a ambos extremos por el resultado de las transacciones realizadas. Los accionistas que deseen vender, pero no vender las acciones ellos mismos, optarán por un corredor. El corredor, en este caso, irá al mercado y encontrará compradores para estos valores en particular. El contrato vinculante entre ambas partes responsabiliza al corredor de pagar una cierta cantidad de dinero a los accionistas. En este ejemplo, el corredor gana dinero con las comisiones derivadas de una venta rentable de acciones.

Sin embargo, las ventas en corto se vuelven aún más riesgosas cuando un inversionista decide apostar a que una acción caerá de precio. Cuando las acciones caen de precio, el inversionista gana dinero cuando dan un cambio y venden las acciones a un precio más alto.

El problema con las ventas en corto es que los inversionistas pueden perder cantidades considerables de dinero si las acciones aumentan de valor después de que el inversionista haya colocado una posición corta. En este punto, un inversionista debe comprar inmediatamente las acciones y cubrir su posición. De lo contrario, si la acción continúa aumentando de valor, la pérdida será mayor.

Es importante tener en cuenta que los inversionistas que acortan acciones están esencialmente apostando a que el precio de una acción baje. Dado que estos inversionistas no poseen realmente las acciones, deben comprarlas en algún momento para entregar las acciones que se vendieron al comprador.

Este tipo de negociación requiere que los inversionistas tengan compradores y vendedores de las acciones en corto en espera para que puedan realizar una transacción inmediata basada en los resultados de los precios de las acciones.

Consideremos este ejemplo:

El valor de mercado actual de Compañía ABC es de $ 10 por acción. Un inversionista considera que el precio de la acción caerá. Esto motiva al inversionista a ponerse en una posición corta. En este punto, el inversionista aún no ha comprado nada. Sin embargo, están pendientes de las fluctuaciones en el precio de esa acción.

Este inversionista no ha comprado ninguna de las acciones de Compañía ABC, pero las vende a otro inversionista a $ 10 por acción. La magia de las ventas en corto ocurre, el precio de las acciones de la Compañía ABC cae drásticamente. Supongamos que se bloquea a $ 5 por acción. El inversionista ha recaudado $ 10 de otro comprador pero está obligado a entregar esas acciones al comprador. Cuando el precio de la acción falla, el inversionista irá y comprará las acciones reales a $ 5 cada una. Posteriormente, el inversionista debe entregarlos al comprador original que pagó $ 10 por acción. En este ejemplo, el inversionista hizo una fortuna porque el comprador que adquirió las acciones terminó perdiendo cuando el precio de la acción cayó al piso. El inversionista hizo una matanza desde que fue capaz de comprar las acciones a un precio inferior antes de ser obligado a entregarlos al comprador.

La estrategia puede contraatacar rápidamente cuando los precios de las acciones suben después de que un inversionista ha decidido colocarse en una posición corta. Considerando el ejemplo anterior, el precio de las acciones de Compañía ABC aumentó de $ 10 por acción a $ 11. El comprador ha pagado $ 10 por acción. El inversionista ahora se verá obligado a comprar las acciones que deben entregarse al comprador a $ 11 cada una. Eso representa una pérdida de $ 1 por acción.

No hace falta decir que esta estrategia es muy arriesgada ya que los mercados a menudo son impredecibles y las condiciones pueden cambiar en cualquier momento. Además, esta estrategia es ideal para el uso de información privilegiada y puede conducir a cargos penales.

Por lo tanto, si elige participar en ventas en corto, proceda con precaución.

Comprar con margen

La siguiente estrategia discutida en este capítulo se llama "comprar con margen".

Comprar con margen esencialmente significa que un inversionista pide dinero prestado para invertir en un valor o un activo.

Un ejemplo de esto podría ser obtener un préstamo bancario para invertir en el mercado de valores. Esto generalmente lo hacen personas que no tienen fondos para invertir pero desean hacerlo con la esperanza de poder ganar mucho dinero sin invertir realmente nada.

Así es como funciona:

Un inversionista pide prestada una suma de dinero. Asumamos $ 1,000. Luego, el inversionista procede a invertir los $ 1,000 en acciones de un número determinado de compañías. La mayor limitación que enfrenta un inversionista es el momento en que el préstamo debe pagarse. Supongamos que este préstamo de $ 1,000 debe pagarse a fin de mes. Esto le da al inversionista 30 días para que crezca la inversión de $ 1,000.

Si todo va bien, el inversionista recaudará más de $ 1,000 al final del mes. El inversionista luego paga el préstamo inicial de $ 1,000 y se queda con el resto.

Un inversionista con margen puede hacer una fortuna si su inversión inicial crece exponencialmente. Para efectos de este ejemplo, supongamos que esa inversión de $ 1,000 ha crecido a $ 100,000. Mágicamente, el inversionista ha obtenido una ganancia de $ 99,000 en un período de un mes. Todo lo que el inversionista debe hacer es devolver los $ 1,000 y quedarse con el resto.

Ahora, supongamos el peor de los casos.

El inversionista pide prestados el mismo $ 1,000 y los invierte en una serie de acciones. El mercado se ha derrumbado y esa inversión de $ 1,000 se ha evaporado. Ahora el inversionista está atrapado con una deuda de $ 1,000 y es posible que no pueda pagarla. En resumen, esto es como apostar en un casino, excepto que se juega con el dinero de otra persona.

Invertir con margen es lo que aniquiló a una gran cantidad de inversionistas durante el colapso del mercado de 1929. Dado que el mercado de valores se encontraba en una gran burbuja, los inversionistas tomaron préstamos para sus hogares o cualquier otro activo que pudieran usar como garantía para invertir en el mercado de valores. Algunos hicieron fortunas, y los que permanecieron en el mercado demasiado tiempo fueron eliminados por la caída. No hace falta decir que muchos inversionistas lo perdieron todo y terminaron viviendo en la calle. Esto condujo a suicidios masivos de inversionistas que lo habían perdido todo.

Por lo tanto, invertir en margen no es para los débiles de corazón. Requiere una gran experiencia y habilidad en los mercados financieros. Dado que es prácticamente imposible controlar los mercados, es muy poco probable que invertir en el margen pueda venir sin riesgo. Considerar este tipo de inversión es esencialmente apostar con el dinero de otro, se deben tomar grandes medidas de precaución. En el caso de que un inversionista pierda una inversión, todavía estará enganchado con el pago del préstamo.

Esta es la razón por el mercado de derivados supone un riesgo tan importante para la salud general del sistema financiero del mundo. Muchas de las transacciones realizadas en los mercados de derivados se realizan con margen. A menudo, estos acuerdos se cierran con un apretón de manos. Y si bien puede haber contratos legales que obligan a todas las partes a cumplir con sus obligaciones, todavía están apostando por una acción que aumentará o disminuirá, que una empresa irá a la quiebra o incluso apostará por una OPI.

Como tal, la inversión con margen no es recomendable para todo el mundo, y se debe tener mucho cuidado con el fin de estar lo más seguro posible de que las inversiones realizadas con margen tendrán al menos lo suficiente rendimiento para cubrir el ajuste de márgenes.

Gestión de la cartera

La estrategia final discutida en este capítulo se refiere a la gestión de la cartera.

Esta actividad es donde un individuo administra inversiones y activos en nombre de otros inversionistas. Este tipo de actividad es generalmente el sustento de corredores de bolsa y comerciantes.

Sin embargo, los inversionistas individuales, mediante el uso de una plataforma de negociación en línea, pueden optar por unir el dinero de otras personas e invertirlo. Por lo general, este tipo de inversión se realiza con fondos de amigos cercanos y familiares.

No hace falta decir que esta es una actividad arriesgada, ya que realizar inversiones incorrectas puede conducir a pérdidas significativas, lo que deja a un administrador de cartera en graves problemas. Además, es técnicamente ilegal participar en este tipo de actividad que incluso puede llevar a cargos penales.

En consecuencia, cada vez que un individuo se dedica a administrar el dinero de otras personas, abre la puerta a un desastre potencial.

Los fondos de cobertura suelen invertir de esta manera. Y como se indicó anteriormente, los fondos de cobertura tienden a participar en prácticas de inversión riesgosas. Además, los fondos de cobertura son clubes de personas adineradas que juntan sus recursos para ganar dinero basándose en la experiencia de un administrador de dinero. Si el gerente comete un error, es seguro decir que los inversionistas no estarán contentos.

La apuesta más segura es solicitar una licencia de corretaje. Requiere una inversión de tiempo y esfuerzo. Sin embargo, obtener una licencia no solo puede abrir puertas de empleo, sino que también puede brindarle la ventaja que necesita para convertirse en un exitoso operador intradiario.

Conclusión

Bueno, llegamos al final del camino. Gracias por tomarse el tiempo de leer este libro.

El siguiente paso es poner todo en práctica. Le recomiendo que busque una plataforma de inversión en línea que ofrezca una cuenta de capacitación gratuita. Con esta cuenta de entrenamiento, puede familiarizarse. Puede sentirse libre de soltarse. Después de todo, no perderá nada si hace un par de malas ofertas. De hecho, tendrá todo para ganar ya que la experiencia que ganará no tiene precio.

También lo aliento a profundizar y progresar en su aprendizaje sobre los temas discutidos en este libro. Vale la pena el tiempo y el esfuerzo para convertirse en un verdadero maestro de los mercados e instrumentos financieros que hemos discutido.

Una última palabra de precaución: siempre busque asesoramiento profesional cuando no esté seguro de algo. La incertidumbre genera errores y los errores pueden llegar a ser costosos. Por lo tanto, vale la pena gastar un par de dólares y buscar el asesoramiento de personas calificadas que puedan orientarlo en la dirección correcta.

Espero que haya encontrado este libro útil e informativo. Es el resultado de años de conocimiento y experiencia que se han condensado en este único volumen. También espero que puedas convertirte en un multiplicador de este conocimiento. Comparta esta información con sus amigos y familiares, o con cualquier persona que crea que pueda estar interesada en convertirse en inversionista.

Como siempre, no olvide dejar una reseña. Al hacerlo, estará ayudando a otras personas que puedan estar interesadas en comprar este libro. Su honesta opinión será muy apreciada y útil.

Gracias una vez más y felices operaciones!

La guía avanzada para el Day Trading

Aprenda paso a paso estrategias secretas sobre cómo hacer Day Trading con Forex, Opciones, Acciones y Futuros convirtiéndose en un Trader exitoso para ganarse la vida.

Por Elias Vazquez

Tabla de contenido

Introducción

Gracias por comprar "La guía avanzada para las operaciones de trading diarias: Aprenda paso a paso estrategias secretas sobre cómo hacer Day Trading con Forex, Opciones, Acciones y Futuros convirtiéndose en un trader exitoso para ganarse la vida". Aprecio enormemente el interés que ha tomado en aprender más sobre cómo puede convertirse en un trader exitoso.

Este libro es una guía que lo ayudará a decidirse, de una vez por todas, a convertirse en un day trader para ganarse la vida.

Sé que tiene muchas preguntas. Y también sé que puede sentirse inseguro sobre si éste será el trabajo adecuado para usted.

Es un hecho que las operaciones de day trading han permitido a muchas personas, ser financieramente independientes; logrando así mantener a sus familias y alejarse de la "carrera de ratas".

Sé que todo esto le puede sonar demasiado bueno para ser verdad.

Pero no lo es.

Es un sueño que muchos de nosotros hemos tenido. Pero solo unos pocos hemos podido hacerlo realidad. Y ahora es su turno de hacerlo realidad.

¿Cómo puede convertirse en un Trader exitoso para ganarse la vida?

Bueno, ¡de eso se trata esta guía!

En esta guía, usted aprenderá sobre todos los aspectos que necesita saber para realizar su primer intercambio. Asimismo, he tenido mucho cuidado en garantizar que la información aquí contenida sea relevante y se encuentre actualizada. Por lo tanto, puede sentirse seguro que recibirá consejos confiables acerca de cómo invertir en los mercados financieros.

También le animo a no quedarse solamente con este ebook; sino a realizar un seguimiento activo de la información presentada en este libro.

Debido a que tanto la investigación como el aprendizaje constantes son dos de las acciones fundamentales que realizan todos los traders exitosos, me gustaría animarle a que usted mismo encuentre tantas fuentes de información como pueda para así tomar decisiones informadas.

Y con esto en mente, vamos a encontrar toda esa información que se encuentra a su disposición para que de ésta forma pueda construir una estrategia de inversión ganadora.

Espero que esté tan ansioso como yo por comenzar.

Así que, ¡aquí vamos!

Capítulo 1: Los fundamentos del day trading

El day trading o trading diario es como cualquier otra carrera que usted pudiese elegir. Sin embargo, no muchos entienden cómo funciona. Es posible que usted haya escuchado a algunas personas hablar sobre cuán potencialmente lucrativo puede llegar a ser. De hecho, es posible incluso que usted conozca a alguien que se esté ganando la vida con el day trading.

En este capítulo, analizaremos más de cerca sobre cómo puede hacer que el day trading, se convierta en una carrera, a tiempo completo, con la cual no sólo pueda pagar sus necesidades básicas, sino también ayudar a financiar su estilo de vida. Adicionalmente, el day trading puede llegar a ser lo suficientemente lucrativo como para financiar su jubilación. Más importante aún, el day trading es un medio para que usted pueda lograr la anhelada libertad y seguridad financiera.

Entonces, echemos un vistazo más de cerca a lo que se necesita para que usted pueda convertirse en un day trader exitoso.

Características de un day trader

Para convertirse en un day trader exitoso, un individuo necesita tener seis rasgos básicos. Estos rasgos le permitirán a un day trader ser exitoso y convertirse en el líder de los resultados que está buscando producir.

Característica # 1: disciplina

La disciplina es, por mucho, el rasgo más importante que cualquier day trader puede tener. La disciplina es lo que permite a un day trader mantener el enfoque durante sus actividades cotidianas. Adicionalmente, enfocarse es una habilidad muy importante cuando las condiciones del mercado son adversas.

Al ser disciplinado, un day trader puede asegurarse de mantener la consistencia en la forma de llevar a cabo su estrategia de inversión. Este aspecto es muy importante, ya que desarrollar una sólida estrategia de inversión no es suficiente para tener éxito, si el day trader no puede ser consistente con la misma y cumplirla.

Asimismo, la disciplina se trata de establecer una rutina y ser capaz de seguir adelante con los objetivos establecidos desde el principio. Los day trader exitosos son capaces de establecer un horario para llevar a cabo, constantemente y consistentemente, las actividades que le conduzcan a identificar oportunidades potenciales, tales como investigar regularmente los mercados.

Sin embargo, la disciplina no se trata solamente de establecer una rutina y seguirla a través de un plan de inversión. Disciplina también es contenerse de seguir las tendencias así como de caer en posibles trampas psicológicas. Por ejemplo, un hot stock podría ser buscado por muchos inversionistas. De esta forma, la disciplina puede ejercerse al refrenarse de saltar de cabeza junto con estos inversores que apresuradamente se dirigen a ese nicho y causan una subida de precio indiscriminada.

La disciplina también se manifiesta en la actitud de un inversor al comprender que las oportunidades de inversión requieren, tanto de una cantidad específica de investigación, como de tiempo para desarrollarse. Este enfoque implica resistir la tentación de golpear un cuadrangular o encontrar una bala mágica. Por supuesto, siempre existe la tentación de intentar hacer un gran tren que pueda hacerle rico. Y aunque ciertamente, es posible, es muy poco probable.

En consecuencia, los day traders deben tener la disciplina suficiente para no hacer nada cuando no hay buenas oportunidades disponibles, y también deben tener la disciplina para actuar con prudencia al asignar sus recursos en inversiones potenciales.

Otro aspecto importante de la disciplina es respetar los puntos de compra y venta establecidos en una estrategia de inversión. Al evaluar una inversión potencial, los inversionistas deben ser lo suficientemente disciplinados para comprar cuando el precio cae a su nivel esperado y no antes. Además, los inversores deben ejercer aún más disciplina en la venta, cuando una inversión alcanza su punto de venta objetivo. Y es así como la disciplina es quizás el factor más importante cuando se está por tomar la decisión de vender.

Al vender, siempre existe la expectativa de la subida del precio de la inversión. Por lo tanto, la disciplina permite a un inversor vender en un punto en el que se sentirá cómodo con sus retornos para así evitar esperar demasiado y posiblemente perder una gran oportunidad.

Lo mismo puede decirse de las compras. La disciplina es una excelente manera de contrarrestar un fenómeno conocido como "el miedo a perder". El miedo a perder consiste en querer tomar ventaja en oportunidades de inversión que pensamos producirán resultados considerables. De esta forma, un determinado individuo podría lanzarse de manera apresurada a una inversión simplemente porque siente que debe actuar rápidamente para no perder una gran oportunidad de inversión. Este comportamiento precipitado puede conducirle a realizar inversiones arriesgadas así como exponerle a pérdidas potenciales.

Característica # 2: Paciencia

La segunda característica que discutiremos es la paciencia.

La paciencia es el socio perfecto de la disciplina. ¡Qué disciplina!, la paciencia se trata de la actitud del inversor. La mayoría de las personas buscan enriquecerse rápidamente. Esto es especialmente cierto cuando los inversores individuales tienen metas y objetivos ambiciosos que deseen alcanzar tan pronto como sea posible. Y aunque no hay nada de malo en querer salir adelante con rapidez, la falta de paciencia puede nublar el juicio de un inversor.

La paciencia es una virtud.

La paciencia es lo que distingue a traders maduros, sabios y conocedores de los inmaduros e irresponsables. La falta de paciencia puede llevar a los inversores a tomar decisiones pobres con respecto a determinadas oportunidades de inversión. Esto es cierto en los casos en que los mercados, o cualquier otro tipo de inversiones, están "calientes". En tales casos, otros inversores pueden estar manipulando el precio de una acción, activo o commodity, hasta un punto en el que los inversores creen que es el momento de actuar.

Ciertamente, es posible que usted pueda encontrarse en una posición en la cual deba actuar rápidamente. Sin embargo, la paciencia es un factor clave para comprender que quizás, podría no ser el mejor momento para entrar en esa inversión en particular. De hecho, es posible que usted tenga que poner en práctica la paciencia al momento de esperar a que una acción caiga al precio al que ha enviado en su estrategia de inversión. Del mismo modo, usted deberá tener paciencia en esperar que el valor de una determinada acción aumente hasta el punto donde se sienta cómodo vendiendo.

Unas palabras de advertencia sobre el ser paciente: los inversores a menudo confunden ser paciente con aferrarse a una inversión durante demasiado tiempo. En este caso, usted podrá encontrarse en una posición en la que deberá reducir sus pérdidas. Cuando usted se encuentra en una posición donde no parece probable que una inversión se recupere después de una serie de pérdidas, podría ser mejor deshacerse de ese stock y reducir sus pérdidas.

Sin embargo, si estaba considerando un enfoque a más largo plazo, es posible que tenga que ejercer aún más paciencia para esperar la recuperación de sus inversiones. Un buen ejemplo de esto es la inversión en un fondo mutuo o un fondo indexado. Estos fondos suelen estar típicamente vinculados al rendimiento general de un mercado. Por lo tanto, es posible que deba esperar a que el mercado supere una recesión para comenzar a ganar dinero nuevamente.

Al final del día, todo se reduce a tener una estrategia de inversión clara, que pueda delinear los parámetros por los que regirá la toma de decisiones en cuanto a sus inversiones de manera responsable. La paciencia es el rasgo que le permitirá mantener la calma mientras los mercados y los activos individuales atraviesan los altibajos típicos derivados del comercio de activos financieros.

Característica # 3: Flexibilidad

Otra característica clave que discutiremos en este capítulo es la flexibilidad.

La flexibilidad es una de las características más importantes que puede poseer un inversor. La flexibilidad se trata de una actitud que, en esencia, significa rodar con los golpes. A diferencia de otras carreras, invertir en mercados e instrumentos financieros es un esfuerzo altamente impredecible y volátil. Esto es especialmente cierto cuando los mercados están en condiciones económicas inciertas. Estas condiciones inciertas pueden agravarse aún más por un panorama político poco claro.

Es por esto que los inversores siempre deben tener una mente abierta. Al ser flexibles y adaptables, los inversores pueden ver el bosque a través de los árboles. Ellos serán capaces de analizar y comprender los datos frente a ellos y darse cuenta de hacia dónde se dirigen las tendencias del mercado. En ese sentido, comprender los datos en las tendencias del mercado permitirá a los inversores ajustar sus estrategias en consecuencia.

Para ver mejor todo esto, consideremos un ejemplo:

Un inversor ha establecido una estrategia a corto plazo en la que ha decidido ingresar a un ETF de petróleo. El análisis actual del mercado supone que los precios del petróleo se mantendrán estables en el futuro previsible. Como mínimo, no se espera que las fluctuaciones en los precios del petróleo sean significativas para lo que queda del resto del año. De repente, la inestabilidad política ha afectado a uno de los principales países productores de petróleo. Esto implica un cambio significativo en la perspectiva del valor del petróleo. La nueva perspectiva del valor del petróleo contempla un salto significativo en los precios.

Este escenario presenta posibles decisiones de inversión.

La primera, sería comprar más acciones en el precio actual del ETF del petróleo. Dado a que las perspectivas apuntan a que los precios aumentarían significativamente, la asignación de más recursos al ETF del petróleo conduciría a mayores ganancias. Esto parece una decisión de inversión lógica y razonable.

La segunda decisión de inversión, sería mantener la posición de inversión actual en el ETF del petróleo y esperar a que el mercado se dispare. En ese momento, el inversor consideraría vender su posición en ese ETF y recoger sus ganancias.

Ambas decisiones de inversión presentadas le darían a un inversor una considerable suma de dinero a su bolsillo. Si bien la estrategia original podría haber llamado a mantener la posición hasta fin de año, el cambio repentino en la producción de petróleo ha provocado una variación significativa en los precios del mismo. Como consecuencia de estos últimos acontecimientos, un inversor inteligente será capaz de reconocer la necesidad de cambiar las estrategias y tomar ventaja de los nuevos desarrollos.

A la inversa, considere la decisión de los principales países productores de petróleo de aumentar su producción de petróleo y así reducir los precios del petróleo. Nuevamente, la decisión original de inversión fue mantener la posición hasta fin de año.

Debido a estos nuevos desarrollos, un inversionista puede optar por deshacerse de su posición en el ETF petrolero de inmediato.

La lección del ejemplo anterior es que los inversores deben mantener sus ojos y oídos abiertos en todo momento. En consecuencia, los inversores deben estar listos para actuar cuando sea necesario y mantener una mente abierta con respecto al ajuste de sus estrategias de inversión. Es importante tener en cuenta que las estrategias de inversión nunca deben ser inamovibles. De hecho, las estrategias de inversión deben tomarse como lo que son: una hoja de ruta que muestra diferentes formas de llegar al mismo destino.

Característica # 4: Resiliencia

La siguiente característica que discutiremos es la resiliencia.

La capacidad de recuperación es un rasgo fundamental en cualquier trader. La resiliencia es clave porque es parte de la mentalidad de un inversor en la que los obstáculos y los contratiempos no le impedirán mantenerse en el camino que ha trazado para sí. La resiliencia se trata de ser mentalmente fuerte, lo suficiente como para poner en el pasado, todas las fallas y contratiempos anteriores.

El trading es como la vida. Y la vida está llena de muchos altibajos. El problema no es fallar o perder. El problema es cómo usted puede recuperarse de una experiencia negativa. Las personas resilientes tomarán los fracasos y las pérdidas como experiencias de aprendizaje. Ellos obtendrán de todas estas experiencias un conocimiento importante que les permitirá tener éxito en el futuro.

En contraste, aquellos individuos que no sean resilientes permitirán que un retroceso los derribe. Estos individuos son del tipo que siempre inicia algo para luego abandonarlo tan pronto como se torna complicado– es por ello que, ser resiliente se trata de mantener el rumbo incluso cuando las cosas se ponen muy difíciles.

Sin embargo, ser resiliente no implica que un inversor deba continuar haciendo el mismo intercambio o invirtiendo en los mismos vehículos cuando las pérdidas o las condiciones adversas del mercado son obvias. De hecho, una perdida en una operación puede ser una señal de la necesidad de cambiar el enfoque hacia otra acción u otro tipo de inversión. Aquí es donde una experiencia negativa permitirá aprender una importante lección.

Además, las caídas y las rachas perdedoras también son comunes en el trading. Un buen ejemplo lo representan los atletas profesionales. Hasta los atletas profesionales de alto rendimiento se encontrarán a lo largo de su vida profesional con pérdidas ocasionales o alguna racha de caída. Cuando esto ocurre, los atletas de alto nivel regresarán al inicio y tratarán de comprender lo que no está funcionando bien para entonces volver a su camino del éxito.

La misma actitud aplica para los inversores. Un inversor que de repente se golpea con un muro para luego encontrarse en medio de una depresión, haría bien en volver al inicio y revisar la estrategia de inversión original. A partir de ahí, se pueden derivar diversas lecciones importantes aprendidas. Estas lecciones pueden incluir una comprensión de lo que ha cambiado o lo que no está funcionando bien. Luego, el inversor puede elegir hacer los cambios que considere apropiados.

Una consideración importante de la resiliencia es que los inversores no necesitan ser perfectos. De hecho, un inversor puede perder la mitad del tiempo y aún así generar una riqueza significativa. El truco para garantizar que un inversor acumule riqueza a pesar de las pérdidas, es cubrir el riesgo tanto como sea posible. Es decir, si una inversión sale mal, entonces las pérdidas que corresponden a esa inversión no deberían afectar la posición financiera final del inversor.

Además, la consistencia también es muy importante. Un trader que constantemente obtiene buenos resultados seguramente avanzará en el juego de inversión. Entonces, la próxima vez que pierda, no se desanime. Tómelo como lo que es: una oportunidad de aprendizaje y siga adelante.

Característica # 5: Independencia

La siguiente característica que discutiremos es la independencia.

La independencia consiste en no depender de nada ni de nadie para tomar decisiones. Ahora, esto no significa enfrentarse solo al mundo, lo que significa es que un inversor debe ser libre de actuar por su cuenta.

Naturalmente, todos necesitamos ayuda cuando empezamos a hacer algo. Un buen ejemplo de ello es este libro. Usted ha reconocido que no lo sabe todo o que puede necesitar un empujón hacia la dirección correcta. Por lo tanto, este libro busca proporcionar la dirección que usted necesita para tener el éxito que busca en el trading.

Además, tener éxito es un proceso de aprendizaje permanente; nadie sabrá nunca todo lo que hay que saber sobre el trading. Eso significa que siempre habrá algo nuevo puede aprender. Basándose en eso, usted puede tomar clases, cursos, seminarios o simplemente leer todo lo que pueda sobre el tema. Al ser independiente, usted tendrá la capacidad para procesar toda la información que lo rodea y tomar una decisión lógica con la información disponible.

Cuando un inversor es dependiente del asesoramiento profesional u otros medios y métodos que esencialmente tomarán decisiones por él, lo mejor sería entregar las decisiones a un administrador de dinero. En este caso, el administrador de dinero se encargará de asignar recursos en activos e inversiones que considere apropiados.

Sin embargo, el objetivo principal de convertirse en un trader es ganar independencia y libertad de acción. A diferencia de los corredores de bolsa tradicionales, los day traders no trabajan en una oficina y no tienen que tomar responsabilidad ante un jefe que dicta sus acciones. Es cierto que la mayoría de los corredores de bolsa tienen un margen de maniobra, pero los day traders son los que tienen todo el margen de maniobra del mundo. Es por esto que la primera característica de la sección, la disciplina, es la principal y más importante que debe poseer un day trader.

La independencia también se trata de ser libre de pensar por sí mismo. Muchos inversores sucumben a las opiniones de los llamados expertos financieros en la televisión o el Internet. Un inversor independiente será capaz de escuchar las opiniones de estos expertos y determinar si tienen la razón o no.

Al mismo tiempo, los inversores independientes no irán con la corriente. Ellos no entrarán en inversiones "calientes" simplemente porque todos los demás se están metiendo en ellas. Un inversor independiente será capaz de determinar si las tendencias populares del mercado están justificadas o si solo son modas alimentadas por un comportamiento irracional.

Al final del día, un inversionista exitoso mantendrá una visión independiente sobre su estrategia de inversión mientras conserva sus emociones bajo control. Esta actitud seguramente permitirá a los inversores mantener la cabeza fría en todo momento.

Característica # 6: Visión

La característica final en esta sección es la visión.

La visión es un rasgo fundamental que todos los inversores deben poseer. Éste se trata de pensar hacia el futuro. Es decir, previendo y reconociendo hacia dónde se dirigen las tendencias del mercado. Por supuesto, nadie tiene una bola de cristal que pueda predecir el futuro. Los inversores inteligentes llegan a un punto en que pueden hacer suposiciones razonables basadas en los datos disponibles en un momento dado.

La visión también trata de observar futuras oportunidades de inversión. Por ejemplo, aquellos inversores que vieron al Internet desde el principio como una oportunidad de inversión potencialmente valiosa, hicieron una gran fortuna cuando éste finalmente despegó. Del mismo modo, los inversores visionarios son capaces de detectar empresas que puedan estar teniendo un rendimiento inferior al que deberían o aquellas que aun no han alcanzado su potencial. Cuando dichas empresas alcanzan su ritmo ideal, son capaces de entrar en el mundo de las inversiones en una etapa muy temprana de su desarrollo y, finalmente, cuando estas despegan, los inversores visionarios son elogiados por ser personas con visión de futuro que supieron encontrar valor donde otros no pudieron verlo.

Por eso, siempre digo que ser inversionista significa mantener la cabeza en las nubes. Ahora, eso no significa que sus pies no deben plantarse firmemente en el suelo. Ese no es el caso. El hecho es que los inversores deben soñar. Los inversores deben soñar con lo que depara el futuro. Sobre la base de ese supuesto, los inversores pueden emplear mejor su juicio para identificar esas oportunidades potenciales que podrían conducir a ganancias significativas en el futuro.

Entonces, la próxima vez que esté considerando hacer una operación, piense hacia dónde se dirige esa acción o activo. ¿Es esto solo una operación a corto plazo que lo ayudará a ahorrar algo de efectivo o es una operación que podría conducir en el futuro a cosas más grandes y mejores? Cualquiera sea su respuesta, usted podrá tomar decisiones sabias basadas en su experiencia y juicio claro.

El day trading como una carrera de tiempo completo

El day trading es como cualquier otra carrera: requiere un compromiso tanto en tiempo como en esfuerzo para llegar a ser exitoso.

Lo que diferencia el day trading de otras carreras es que no es exactamente un trabajo.

Permítame explicarle.

Un trabajo regular, cualquiera que sea, posiciona a un individuo para intercambiar su tiempo y esfuerzos a cambio de un salario. El empleador compra los talentos y el tiempo de sus empleados para que puedan ayudar a lograr el objetivo final de su empresa.

Por otro lado, el day trading, aunque potencialmente lucrativo, no ofrece un pago fijo. Este no es el tipo de actividad que los individuos complacientes escogerían para participar. En todo caso, el day trading está lleno de altibajos.

A pesar de la naturaleza incierta de los mercados financieros, el day trading puede convertirse en una carrera a tiempo completo. Para que esto suceda, un inversor individual debe ser exitoso hasta un punto en el que pueda generar suficientes ingresos para cubrir los gastos básicos. Una vez que se han cubierto los gastos básicos, la actividad de inversión continua tiene como objetivo convertirse en un circuito de retroalimentación en el cual los ingresos de las inversiones exitosas se alimentan de sí mismos y permiten que la riqueza de un inversor se multiplique.

Hacer que el day trading sea una carrera a tiempo completo, es una gran posibilidad. No recomiendo a los individuos que renuncien a su trabajo y se sumerjan de cabeza en el trading de inversiones. Recomiendo un enfoque más gradual. Puede comenzar por hacer trading en su tiempo libre. Una vez que pueda cubrir sus gastos básicos de manera consistente, mes a mes, puede considerar hacer la transición.

El day trading difiere de otros tipos de negociación.

El day trading, como su nombre lo indica, consiste en abrir y cerrar una posición en un día de negociación. En consecuencia, el inversor comienza el día de negociación con una cantidad fija de capital invertible, invierte la cantidad que el comerciante considera pertinente, realiza transacciones y luego cierra todas las posiciones antes del final del día. Esto significa que cuando finaliza el día de negociación, el inversor ha retirado el dinero, por lo que los day traders viven día a día. En resumen, los day trades llevan a cabo la mejor estrategia comercial a corto plazo.

Otros tipos de trading incluyen el swing trading. El swing trading consiste en traders que mantienen sus posiciones abiertas por más de un día, pero generalmente solo unos pocos días. En promedio, los swing trades oscilan entre 2 y 6 días. Sobre la base de esa premisa, los comerciantes a corto plazo juegan los cambios en el mercado. Los swing traders tienden a vivir al límite en tiempos de alta volatilidad del mercado.

Además, los day traders no participan en inversiones a largo plazo. Esto puede incluir la compra de ETF a largo plazo, fondos mutuos, certificados de depósito, etc. Estas inversiones se consideran a largo plazo si superan un mes.

En cualquier caso, los day traders pueden comprar otros productos de inversión a largo plazo como medios de asignación de fondos invertibles. En particular, estos vehículos de inversión pueden utilizarse para financiar planes de jubilación.

Beneficios del day trading

El day trading ofrece una serie de beneficios cuando se toma como un trabajo a tiempo completo.

Beneficios incluidos:

- Flexibilidad en el tiempo y la programación.
- Libertad de acción
- Posibilidad de trabajar desde casa
- Posibilidad de trabajar desde cualquier parte del mundo.
- Sin jefes
- Capacidad para tomarse un tiempo libre cuando sea necesario

Sin duda, convertirse en un day trader puede sonar demasiado bueno para ser verdad. Después de todo, la posibilidad de salir de la carrera de ratas, haciendo una vida decente, sosteniendo a la familia y disfrutando de la libertad de acción son todos grandes beneficios que vienen de una ocupación como esta.

Los comerciantes exitosos son capaces de enfocar su trabajo durante ciertos períodos de tiempo y luego tomarse un tiempo libre según sea necesario. Dado que el day trading implica cerrar posiciones al final del día, no hay necesidad de rastrear las inversiones a lo largo del tiempo. De hecho, es bastante tranquilizador saber que usted no tendrá sorpresas cuando se levante por la mañana.

Otra ventaja importante del day trading es que usted podrá reaccionar rápidamente cuando cambien las condiciones del mercado. Por lo tanto, si los mercados cambian repentinamente, podrá realizar los ajustes correspondientes. Los inversores a largo plazo tardarán más en reaccionar, exponiéndose así a la volatilidad del mercado.

En consecuencia, los day traders deben estar al tanto de todo cuando están "encendidos". Una vez que están "apagados ", pueden descansar y cosechar las recompensas de un día de trabajo.

Inconvenientes del day trading

Como con cualquier cosa en la vida, lo malo viene con lo bueno.

Dado que el day trading no es un trabajo en el sentido tradicional, la libertad que conlleva ser su propio jefe viene sin un sueldo fijo. Si bien las personas más reacias al riesgo se encogerían ante la idea de no tener un sueldo estable cada mes, los day traders se exponen a arriesgar su bienestar financiero durante los tiempos difíciles.

Además, el day trading puede terminar siendo una propuesta de alto estrés durante los tiempos difíciles. Esto es especialmente cierto cuando los mercados tienden a la baja. Además, el day trading puede ofrecer oportunidades limitadas durante la tendencia a la baja de un mercado o en tiempos de recesión. Sin embargo, los tiempos difíciles pueden representar una buena oportunidad para encontrar valor oculto.

Además, los day traders deben exhibir los rasgos personales que discutimos anteriormente en este capítulo. Cuando los comerciantes carecen de disciplina, paciencia o visión, pueden tener dificultades para ejecutar una estrategia comercial efectiva. Entonces, si un individuo no exhibe estas características, tendrá una mayor probabilidad de fallar.

Otro punto importante a considerar es su estrategia fiscal. Yo recomendaría consultar con un experto en impuestos, como un contador público certificado, para determinar cuáles son las ventajas fiscales que puede utilizar para proteger sus ganancias. Por ejemplo, podría considerar una incorporación para que su actividad comercial sea realizada por una entidad legal y no personalmente. La incorporación ofrece una serie de beneficios impositivos que las personas naturales generalmente no obtienen. Por eso, lo mejor es consultar con un experto en impuestos.

Conceptos básicos del day trading de futuros

Los contratos de futuros son un tipo de derivado en el cual el activo subyacente del contrato se paga antes de su entrega. Los futuros se negocian casi exclusivamente en commodities, aunque puede haber contratos de futuros en otros activos como monedas. Los futuros generalmente se negocian en todas las principales bolsas de valores del mundo. Por lo tanto, los futuros no se limitan solo a un intercambio específico.

Dado que los futuros tratan con activos cuyo precio fluctúa de acuerdo con las condiciones del mercado, mantener las posiciones abiertas durante un período de tiempo más largo puede exponer a los inversores a fluctuaciones repentinas del mercado. Por ejemplo, los futuros del petróleo tienden a ser los más riesgosos de todos.

Dado que el day trading implica abrir y cerrar posiciones en un mismo día, los inversores pueden evitar los altibajos que conlleva, abandonando las posiciones durante la noche. Además, los futuros a menudo se negocian después del cierre de los mercados en los Estados Unidos. Eso implica que las fluctuaciones en los mercados asiáticos tendrán un impacto directo de los futuros negociados en los Estados Unidos.

Entonces, si los futuros del petróleo caen durante el trading en Asia, un inversor en América del Norte puede despertarse con una desagradable sorpresa. Al cobrar al final del día, los day traders pueden asegurarse de no ser sorprendidos al comienzo del próximo día de negociación.

Los day traders avanzados pueden optar por mantener las posiciones abiertas durante la noche. Sin embargo, los derivados son el tipo de vehículo de inversión más arriesgado. Por ello, es vital para los inversores ser absolutamente claros acerca de las ventajas y desventajas que conlleva incursionar en estos mercados.

Day trading con FOREX

FOREX negocia exclusivamente en divisas comerciales. En esencia, FOREX enfrenta una moneda contra otra. Entonces, el aumento o la caída, en la valoración de una moneda, implicaría una ganancia o pérdida en otra.

El trading de divisas es extremadamente volátil y puede generar fluctuaciones considerables en un corto período de tiempo. En particular, el trading de divisas de países emergentes puede significar un negocio serio. Si es tomado por sorpresa, un inversor puede ser eliminado del mercado FOREX.

El day trading elimina los grandes riesgos que conlleva la exposición, dado que abrir y cerrar posiciones diariamente permitiría a los inversores manejar el riesgo. Por ejemplo, si se invierte en dólares estadounidenses y euros, la diferencia horaria entre Norteamérica y Europa puede exponer a los inversores a considerables fluctuaciones de la noche a la mañana.

Operar en FOREX es una actividad potencialmente lucrativa durante los cambios significativos del mercado. Los traders de FOREX pueden obtener ganancias considerables cuando una moneda se devalúa seriamente sobre otra. Sin embargo, los day traders están mejor posicionados para cosechar los beneficios de las operaciones FOREX, ya que se encuentran por encima de las fluctuaciones del mercado durante su tiempo de negociación.

Además, es muy recomendable abstenerse de dejar posiciones abiertas durante la noche. Especialmente en los mercados extranjeros con una diferencia horaria significativa, como los europeos o asiáticos. Cuando un trader cierra el día y se va a la cama, no puede reaccionar a ningún tipo de fluctuación. Por lo tanto, dejar las posiciones abiertas desatendidas solo expone a los traders a riesgos innecesarios.

Trading de opciones

Las opciones son otro tipo de derivado. Las opciones mantienen una acción como el activo subyacente.

Las opciones tienen dos posiciones llamadas "put" y "call" . Una opción "put" consiste en vender una acción a un precio específico, mientras que una opción "call" consiste en comprar una acción a un precio específico.

Las opciones a menudo se consideran procedimientos arriesgados y complejos. Las opciones también requieren que los comerciantes hagan hipótesis sólidas respecto a la tendencia del precio de una acción. Si se evalúa adecuadamente, una opción puede ayudar a un trader a ganar dinero en función de las fluctuaciones de una acción determinada. En cierto modo, elimina las conjeturas de la compra y venta, ya que el contrato solo se aplica a puntos de precio específicos.

Además, las opciones son buenas para el day trading, ya que permiten a los traders tomar contratos durante el mismo día comercial. Este tipo de comercio puede volverse lucrativo mientras se atraviesan períodos de alta volatilidad. Durante los períodos de relativa estabilidad, las opciones ofrecerían posibilidades limitadas para los day traders.

Los contratos de opciones pueden tener plazos más largos, pero como se indicó anteriormente, dejar posiciones abiertas por más de un día de negociación, incluso durante varios días, abre la puerta a un mayor riesgo a causa de la volatilidad. Sin embargo, una gran ventaja de las opciones es que el contrato solo se activa cuando se alcanzan puntos de precio específicos.

Si un inversor compra una acción a $ 10 y coloca una opción de venta a $ 12, las opciones se activan cuando la acción llega a $ 12. Esto significa que el inversor ganó $ 2 en la operación. Sin embargo, si el precio de la acción cae, entonces la opción de venta no se activará, y el inversor sufrirá la caída de la acción. Dependiendo del tipo de contrato, el inversor podría no ser capaz de vender a nadie más que a la otra parte del contrato de opción. Así, las opciones pueden resultar ser operaciones más riesgosas.

Day trading de acciones

Por último, las acciones, son el activo financiero más comúnmente negociado.

Las acciones consisten en comprar y vender valores de empresas que cotizan en la bolsa. Básicamente, el dinero se gana cuando los inversores compran a un precio determinado y luego venden a un precio más alto. En tiempos de volatilidad del mercado, las acciones pueden representar importantes oportunidades para ganar dinero.

Las acciones altamente codiciadas pueden ofrecer oportunidades “más seguras”, pero ofrecen a los day traders oportunidades limitadas para ganar dinero, ya que los posibles aumentos en los precios de las acciones pueden no ser tan significativos como se esperaba. Un day trader puede optar por anunciar su entrada a la competencia en los días previos a las llamadas de ganancias y pronósticos. En función de estos reportes, las principales compañías pueden experimentar picos en los precios de las acciones y los day traders pueden tomar ventaja de esto.

Otro tipo de acciones que los traders pueden elegir se denominan Penny Stocks. Las Penny Stocks, son aquellas acciones que tienen un precio inferior a un dólar por acción. También pueden incluir compañías cuyos precios de acciones son muy bajos. Estas acciones cuentan con un potencial bajo para la compra y alto para la venta. Debido a que los day traders abren y cierran posiciones diariamente, tienen la posibilidad de obtener ganancias estables, ofreciendo poca cantidad de dinero.

Otro tipo de trading de acciones consiste en comprar acciones de valor. Estas son acciones cuyo valor de mercado se encuentra por debajo del valor nominal. Con estas acciones, los day traders pueden encontrar gemas ocultas que están infravaloradas o preparadas para un rebote después de un intervalo difícil. Si se realiza adecuadamente, las acciones de valor pueden proporcionar a los inversores, la oportunidad de obtener importantes ganancias. Lo mejor de todo es que los day traders pueden obtener ganancias significativas mientras cierran sus posiciones una vez que han ganado dinero.

Dado que las acciones son los activos de mayor comercialización, hay una gran cantidad de información, datos y análisis a la disposición de los traders. Esta abundante y valioso información puede ser utilizada para la toma de decisiones informadas que permitan a los inversores utilizar su juicio e intuición para la toma de decisiones inteligentes.

Capítulo 2: Conceptos básicos del trading

En el capítulo anterior, nos centramos en las cualidades individuales que debe poseer un trader para ser exitoso en el day trading.

En este capítulo, comenzaremos a analizar más a fondo el funcionamiento de los mercados financieros. En particular, vamos a comenzar con los fundamentos del trading.

Los mercados financieros funcionan como cualquier otro mercado. Durante miles de años, los mercados han sido lugares donde compradores y vendedores se encuentran para intercambiar bienes y servicios. En la antigüedad, los mercados eran espacios para el trueque. El trueque consistía en que tanto el comprador como el vendedor intercambiaran un bien por otro. Por ejemplo, un individuo intercambiaría maíz y recibiría zapatos a cambio. Este fue un proceso que resultaba frecuentemente complicado, en el cual determinar la proporción de maíz y zapatos que se podían intercambiar dependía de una serie de factores psicológicos.

En el mercado moderno, los compradores y vendedores utilizan el dinero como medio de intercambio. Este medio de intercambio facilita el comercio de manera que tanto compradores como vendedores, tienen la posibilidad de usar el dinero para comprar o vender bienes y servicios. Y así, los mercados financieros no son diferentes.

En esencia, el trading, en cualquiera de sus formas, no es más que el intercambio de un valor a cambio de dinero. Y entonces, el dinero se usa para comprar otro instrumento financiero. Ese instrumento financiero puede revenderse nuevamente a cambio de dinero. Este proceso es la esencia del trading. El resultado que obtienen todos los participantes en los mercados financieros es la construcción de la mayor riqueza posible. Esta riqueza se expresa en términos de dinero.

Además, hay ganadores y perdedores en todas las transacciones financieras. Sin embargo, en condiciones ideales de mercado, todos los inversores podrían salir adelante.

Ahora, echemos un vistazo a los conceptos básicos de un trade.

Oferta y demanda

Cuando usted observa los precios de las acciones, a menudo verá el reflejo de cuál es el promedio del mercado para esa acción en particular.

Por ejemplo, cuando escuche que las acciones de una compañía han alcanzado $ 100, $ 200 o $ 300, se consideran individualmente. Pero al igual que cualquier otro trade, debe haber un comprador y un vendedor. Además, el mercado de valores establece los precios a través de la oferta y la demanda.

La ley de oferta y demanda consiste en que el comprador y el vendedor se encuentren en el mercado y determinen el precio de una acción individual en base a un acuerdo mutuo. Este acuerdo mutuo es tan simple como comparar el precio que el comprador está dispuesto a pagar y el precio que el vendedor está dispuesto a aceptar.

Aquí es donde entran en juego los términos oferta y demanda.

El comprador hace la oferta. La oferta es el precio que el comprador está dispuesto a pagar. En ese sentido, la oferta es un reflejo del precio máximo del comprador. Este precio esperado se basa en el precio promedio de una acción individual. El comprador determina un precio específico que está dispuesto a pagar, ya que esto permitirá que las transacciones sean rentables. El precio solicitado es una expresión del precio mínimo aceptado por el vendedor.

Por otra parte; El precio de venta es el que el vendedor está dispuesto a aceptar. Asimismo, el precio se basa en las expectativas del inversor y las tendencias actuales del mercado. Si una acción ha demostrado ser exitosa, el vendedor puede tener un precio de venta más alto. Igualmente, si la acción ha tenido un bajo rendimiento, el vendedor podría estar dispuesto a fijar un precio de venta menor. La diferencia entre el precio de compra y el de venta se conoce como spread. Como en cualquier negociación, siempre habrá una diferencia entre las expectativas del comprador y las del vendedor. Si alguna vez ha negociado el precio de cualquier objeto, entenderá cómo funciona esto.

Por supuesto, hay momentos en que los compradores y vendedores no pueden ponerse de acuerdo y negocio no se concreta. La mayoría de las veces, los compradores y vendedores pueden encontrarse a mitad de camino y cerrar el trato.

Es importante tener en cuenta que el diferencial es un indicador clave de liquidez de la acción o la cuestión de seguridad. En otras palabras, cuanto menor sea el Sprite , la mejor es la liquidez. Eso significa que un activo altamente líquido será más fácil de negociar aunque con un beneficio menor.

El precio de compra y venta no se limita solo a acciones y valores. Se pueden aplicar a las opciones de contratos de futuros o incluso a operaciones con divisas como FOREX.

Tipos de Órdenes

En el comercio de acciones, existen diferentes tipos de órdenes que se deben realizar al completar las operaciones de trading.

Entonces, vamos a echar un vistazo a los diferentes tipos de órdenes.

El primero es una orden de mercado. Este tipo de agua consiste en comprar o vender el stock de valores. Esta orden asegura que la acción sucederá, pero no garantiza un precio específico. La colocación de la orden de mercado generalmente se realiza cerca del precio de oferta de una orden de compra, y finaliza con el precio de la demanda para una orden de venta. Sin embargo, no hay garantía de que cuando el orden del mercado pase por la bolsa mantenga el precio especificado anteriormente por el inversor.

El segundo tipo de orden es una orden límite. Una orden límite depende de un precio específico para comprar o vender el valor. La función de las órdenes límite es establecer un precio máximo para una compra o un precio mínimo para la venta. De ésta forma, una orden de compra sólo ocurriría si el precio del valor es más bajo que el precio de la oferta. Asimismo, una orden de venta ocurriría si el precio excede del valor el precio mínimo de venta.

El siguiente tipo de orden se conoce como orden de stop-loss. La orden de stop – loss consiste en una orden de venta inmediata cuando una acción alcanza un precio específico. De esta forma si un determinado grupo de acciones cae, la orden de stop-loss podría ponerse considerablemente en marcha, y la acción se venderá de inmediato a través de una orden regular en el mercado.

El último tipo de orden es sustantivo y es una orden de stop de compra. Esta orden se activa cuando el precio del valor supera el precio de mercado actual. Por lo tanto, la compra no sucede. Se puede emitir una orden similar para detener la venta con el fin de proteger las ganancias de una acción.

Capítulo 3: Configuración de una cuenta de corretaje

Este capítulo se centrará en las cuentas de corretaje. Específicamente, discutiremos la necesidad de poseer una cuenta de corretaje, los beneficios de tener una y una forma de configurar una para que pueda comenzar a operar.

Es importante tener en cuenta que no todas las cuentas de corretaje se crean de la misma manera. De hecho, hay una cantidad considerable de investigación cuya finalidad es determinar cual cuenta sería la mejor para usted. Dicho esto, hacer su tarea de investigación sobre los diferentes tipos de cuentas y los incentivos disponibles para usted valdrá la pena a largo plazo.

Tradicionalmente, todos los intercambios de acciones pasaron por un corredor de acciones humano. Un corredor de acciones es entonces un profesional con licencia que tiene la autoridad legal para realizar transacciones en la bolsa de valores en nombre de los inversores.

Hoy en día, los corredores de bolsa humanos no son exactamente necesarios. El Internet ha permitido al inversionista promedio establecer una cuenta de corretaje en línea y comenzar a operar por su cuenta. Por supuesto, los resultados de esas operaciones son responsabilidad exclusiva del inversor individual.

Como tal, una cuenta de corretaje consiste en tener un acceso a una plataforma de negociación ofrecida por una institución financiera. Estas instituciones financieras deben tener licencia para operar según lo autorizado por la Comisión de Bolsa y Valores (SEC) por sus siglas en inglés.

Una vez que un inversionista individual ha configurado una cuenta de corretaje, deberá financiar esa cuenta con dinero real. La cantidad de dinero necesaria para financiar una cuenta variará de una cuenta a otra. En términos generales, las cuentas de corretaje se pueden abrir con tan solo $500. Además, las cuentas de corretaje permiten a los inversores mantener sus ganancias depositadas en esa cuenta, así como poder optar por retirar cualquier cantidad de dinero que exceda el mínimo necesario para mantener la cuenta abierta.

El uso de una cuenta de corretaje y una plataforma de negociación en línea son los dos requisitos más importantes para un day trader. Sin estos, sería prácticamente imposible para un day trader llevar a cabo negocios en los mercados financieros. Estos tendrían que convertirse en un corredor de bolsa con licencia y trabajar con una institución financiera que opere en una bolsa de valores.

Uno de los aspectos positivos más importantes sobre el uso de cuentas de corretaje y plataformas de negociación en línea es que los day trader pueden trabajar desde casa, o prácticamente en cualquier parte del mundo, y realizar negocios en el mercado de valores de su elección.

Al comprar una cuenta de corretaje, los traders deben considerar todas las herramientas que vienen con esa cuenta. La cuenta de corretaje puede incluir el uso a la plataforma de negociación así como el acceso a todos los análisis y datos ofrecidos por la institución que garantiza el acceso a esa plataforma.

Además, los traders deben analizar los costos asociados con la cuenta y el uso de la plataforma. En general, las cuentas cobrarán una tarifa plana por operación. Además, algunas cuentas cobrarán una tarifa de mantenimiento por el uso de la plataforma de negociación y cualquier otro servicio asociado con esa cuenta. En este sentido, se recomienda encarecidamente que los traders estén al tanto de todos los costos ocultos que podrían venir con esa cuenta de corretaje específica.

Si un trader desconoce los costos ocultos que vienen con la cuenta que ha elegido, estos se sumarán y podrían potencialmente eliminar cualquier beneficio que se haya obtenido a través de operaciones exitosas. En consecuencia, vale la pena hacer tu tarea.

Ahora veamos una descripción general de cómo funciona una cuenta de corretaje.

Visión general

Como hemos mencionado anteriormente, una cuenta de corretaje es una forma en que los inversores pueden comerciar activamente en los mercados financieros. Las empresas de corretaje con licencias y permisos para operar ofrecen cuentas de corretajes. Esto podría hacerse a través de bancos u otras instituciones financieras que posean una licencia completa. Cualquier cantidad de valores puede ser objeto de comercio a través de las cuentas de corretaje tales como acciones, fondos mutuos, y bonos.

Una vez que el inversor ha creado una cuenta, y ahora que éste se ha convertido en un trader, es libre de participar en las distintas operaciones de trading activas. A pesar de que la cuenta es operada a través de una firma licenciada como casa de bolsa; las operaciones por sí mismas son responsabilidad de los inversores individuales. En consecuencia, el inversor es el propietario de los activos localizados dentro de esa cuenta.

Dicho esto, una cuenta de corretaje no es más que un medio para invertir. La cuenta permite a los inversores comprar y vender activos negociados en los mercados financieros. Como no todas las cuentas se crean de la misma manera, se debe realizar un esfuerzo considerable para investigar las mejores opciones disponibles para usted como inversionista.

Entonces, echemos un vistazo a algunos de los elementos que deben ser considerados al momento de comprar una cuenta de inversión.

Tarifas

El primer elemento que debe considerarse al comprar una cuenta está asociado con las tarifas. Estas no son más que la cantidad de dinero que la firma de corretaje le cobrará por el uso de su cuenta de corretaje.

Por lo general, la mayoría de las empresas tienen una estructura de tarifas similar. Las cantidades en dólares que puedan cobrar por el manejo de la cuenta variarán de una empresa a otra. A la sazón, echemos un vistazo a los tres tipos de tarifas que generalmente cobran las instituciones de corretaje.

- **Tasa de corretaje:** Este tipo de tarifa consiste en una tarifa anual o mensual que se cobra para mantener la cuenta. Esta tarifa se cobra básicamente para mantener en funcionamiento la plataforma de negociación o el sistema de intercambio activo y andando. Dependiendo de la cuenta, esto puede incluir información especializada, investigación, datos y análisis que los inversores pueden utilizar con el fin de llevar a cabo sus transacciones. Algunas instituciones de corretaje optarán por tener una tarifa plana, mientras que otras pueden optar por cobrar la tarifa en función de un porcentaje del capital de riesgo de la cuenta o las transacciones realizadas.

- **Tarifa de manejo:** La diferencia entre una comisión de corretaje y una comisión de manejo es la persona que gestiona la cuenta. Si el inversionista individual administra la cuenta, generalmente no se cobrará a la administración. Pero si el inversionista elige contar con la asistencia de un administrador de dinero, entonces puede estar en riesgo de pagar una tarifa por administración. Esta tarifa de administración podría ser una tarifa plana que se cobra mensualmente o anualmente, o puede consistir en un porcentaje del saldo de la cuenta. Algunas empresas ofrecen una combinación donde el inversionista individual puede administrar la mayor parte de la cuenta mientras busca la asistencia de un administrador profesional para otros tipos de transacciones. En ese caso, el inversor sólo se pagaría una comisión de gestión asociadas con los activos o transacciones por las cuales el administrador de dinero es responsable.
- **Tarifa de transacción:** Las tarifas de transacción se cobran cada vez que ocurre una operación. Por ejemplo, cuando un inversor compra o vende un valor en una operación, tendrá una tarifa de transacción adjunta. Como en casos anteriores, una tarifa de transacción puede ser una tarifa plana y fija cobrada por cada

operación, o puede ser un porcentaje del valor de estas operaciones. No hace falta decir que un trader que realiza muchas operaciones puede ver acumularse las tarifas de transacción. Por eso es fundamentalmente importante tener siempre presente las tarifas inherentes a la transacción.

Mínimo para operar una cuenta

Otra característica fundamental de una cuenta virtual de valores se conoce como el mínimo de la cuenta. Dado que las cuentas de corretaje vienen en todas las formas y tamaños, los mínimos de cuenta variarán considerablemente de una cuenta a otra y de una institución a otra. Algunas cuentas pueden requerir miles de dólares para unirse, mientras que otras cuentas solo requieren unos pocos cientos de dólares.

En algunos casos, algunas cuentas pueden tan sólo de $500 para comenzar pero pueden tener una tarifa de mantenimiento más alta para compensar el más bajo costo mínimo de entrada. Estas cuentas también pueden tener una tarifa de transacción más alta. Por otro lado, algunas cuentas que posean una mayor cuota inicial de compra pueden ofrecer una tarifa de mantenimiento más baja y tasas de transacción más bajos.

Vale la pena señalar que los mínimos para operar de cada cuenta son muy importantes a tener presente. Si su cuenta llegase a caer por debajo del monto mínimo de la misma, se podría cobrar una tarifa adicional por mantener un saldo inferior al monto estipulado.

Una buena regla general es tener en su cuenta el mínimo necesario para evitar ser golpeado con tarifas innecesarias.

Requisitos

Adicionalmente, tenga en cuenta que algunas instituciones de corretaje pueden solicitar a los inversores que cumplan un cierto conjunto de criterios antes de ser elegibles para abrir una cuenta con ellos. Los requisitos básicos pueden incluir un número de seguro social, ser mayor de edad, proveerles pruebas de empleo, entre otros requisitos básicos.

Otras instituciones pueden exigir a los inversores que cumplan ciertos criterios asociados con el patrimonio neto, la cantidad de activos invertibles o reservas de efectivo necesarias para cubrir posibles pérdidas.

Efectivo o margen

Otra característica clave de las cuentas de corretaje es la capacidad de operar en efectivo y / o margen. Algunas cuentas de corretaje requerirán que los inversores depositen una cierta cantidad de fondos y los limitarán a operar en función de la cantidad de fondos que tengan disponibles. Una vez que se agoten los fondos, no podrán comerciar a menos que agreguen más fondos a la cuenta. Cuando una cuenta está programada al margen, significa que el inversor tendrá la oportunidad de negociar una cierta cantidad sin tener fondos en la cuenta. El margen asignado a la cuenta dependerá del tipo de cuenta. Por supuesto, se le pedirá al inversionista que cubra ese margen en un punto específico. Si el inversor no está en condiciones de hacerlo, entonces ellos pueden verse afectados con cargos adicionales o incluso la suspensión de la cuenta hasta que puedan cubrir el margen que han agotado.

Cómo abrir una cuenta

Una vez que haya hecho su tarea de investigación con respecto a las diversas cuentas de corretaje que existen allá afuera, puede proceder a abrir una cuenta. Si bien es un proceso bastante sencillo, debe cumplir con algunos requisitos y presentar algunos documentos para poder despegar.

Entonces, echemos un vistazo más de cerca a lo que necesita producir para que su cuenta funcione.

- **Presentar documentación:** Al igual que con la mayoría de los asuntos financieros, deberá presentar la documentación requerida por la firma de corretaje. Básicamente, se le pedirá que presente documentos para probar su identidad, su número de seguro social, constancia de trabajo, su licencia de conducir, información financiera como el patrimonio neto o cualquier información que la institución de corretaje considere necesaria.
- **Completar la aplicación:** Luego, se le pedirá que complete una solicitud. Esta aplicación no es más que una declaración escrita de toda su información. Este es el documento oficial que deberá enviar para solicitar el acceso a su cuenta de corretaje. La institución luego se encargará de procesar dicha solicitud. Los tiempos que tomará dicho proceso varían de una institución a otra.
- **Añadir fondos.** Una vez que la solicitud ha sido aprobada, y la cuenta se encuentra totalmente lista para usarse, se le pedirá un monto determinado con el fin de financiar la cuenta. Esto puede hacerse electrónicamente a través de una transferencia bancaria o mediante el depósito de un cheque.

- **Conduzca una investigación de campo:** El siguiente paso consiste en mirar las opciones de inversión disponibles para usted. Esto puede incluir la amplia gama de vehículos de inversión asociados con la firma o el mercado en general. Aquí es donde puede comenzar a probar las herramientas de datos y análisis que puedan estar disponibles para usted. Recomiendo configurar una lista de observación para que pueda seguir las distintas tendencias antes de saltar a una inversión.
- **Trade o el intercambio como tal:** Este es su gran momento. Aquí es donde usted completa su primera operación de intercambio bursátil usando su nueva cuenta. Lógicamente, su primer intercambio deberá ser una compra. Dependiendo de su filosofía de inversión, puede optar por cerrar todas sus posiciones al final del día de negociación o dejar sus posiciones abiertas y realizar un seguimiento al comportamiento de sus inversiones.

El proceso descrito anteriormente parece bastante sencillo y no requiere una gran cantidad de trabajo preliminar. Lo que sí requiere es que usted esté al tanto de todos los aspectos relacionados con su nueva cuenta. Por ejemplo, debe tener en cuenta las tarifas, los mínimos de cuenta y cualquier otro cargo que pueda estar asociado con esa cuenta.

Igualmente, los traders diarios deben considerar una cuenta de corretaje que tenga una tarifa de transacción más baja, ya que abrir y cerrar posiciones en un solo día puede representar varias transacciones a lo largo del día de negociación. Por lo tanto, tenga en cuenta que las tarifas de transacción pueden sumarse en el transcurso del día y, con ello podrían verse reducidas sus ganancias.

Ventajas de las cuentas de corretaje

Tal vez la ventaja más importante es que las cuentas de corretaje ofrecen una enorme libertad de acción para los traders. Dado que el operador es el único responsable de las transacciones realizadas en la cuenta, la decisión de dónde asignar los fondos de la cuenta depende de la experiencia y el criterio del inversor.

Con esto en mente, es importante tener en cuenta que las cuentas de corretaje siempre tendrán ventaja sobre cualquier otra cuenta de inversión administrada por corredores y agentes. La razón de esto es que las cuentas administradas por profesionales lo matarán con las tarifas. Aparte de que los corredores usarán su criterio en la asignación de activos invertibles; por lo tanto, su opinión puede no contar de mucho para estos.

Las cuentas de corretaje también permiten a los inversores comerciar cuando pueden. Si usted, como trader, necesita tomarse un tiempo libre, tiene la libertad de hacerlo. La cuenta estará allí cuando elija reanudar sus actividades cotidianas de intercambio.

Otra ventaja clave es que algunas cuentas de corretaje tienen una cuota de aceptación más baja en comparación con una cuenta de inversión tradicional. A menudo, las cuentas de inversión tradicionales cuentan con cuotas iniciales que comienzan por las decenas de miles de dólares.

Con una cuenta de corretaje, la cuota de inicio es apenas una fracción de lo que requeriría una cuenta administrada profesionalmente. Además de eso, el trabajo que puede hacer un corredor de bolsa regular no es mucho mejor de lo que puede hacer un trader diario. Por lo tanto, las cuentas de corretaje le permitirán reducir los gastos de gestión cobrados por los administradores de dinero.

En qué debes tener cuidado

Por último, hay varias cosas a tener en cuenta cuando esté comprando una cuenta de corretaje.

- **Cuenta de servicio completo o cuenta de descuento:** Las cuentas de servicio completo generalmente ofrecen mayor soporte y herramientas. Le permiten obtener acceso a todos los datos y análisis que esa empresa de corretaje tiene para ofrecerle. Esto puede incluir investigación a profundidad y otros consejos especializados. Algunas cuentas incluso ofrecen sesiones de entrenamiento especiales. Las cuentas de corredores de descuento cobran menos, pero también ofrecen menos. A la larga, una cuenta corredora de descuento puede terminar dejando al inversionista fuera de combate.
- **Compare precios y tarifas:** Una comparación de las tarifas cobradas por diferentes empresas le permitirá ver los pros y los contras de cada cuenta. Por lo tanto, vale la pena tomarse el tiempo para llevar a cabo una investigación sólida. De esa manera, puede tener una idea clara de cómo se desarrollarán sus finanzas.
- **Inversiones disponibles:** No todas las empresas de intercambio poseen los mismos vehículos de inversión. Por lo tanto, es importante que usted pueda estar seguro que la

firma elegida para sus operaciones de inversión posea los activos y vehículos que usted desea manejar.

- **Recursos:** Asegúrese de conocer los recursos que ofrece cada cuenta. Como le he dicho anteriormente, algunas ofrecen más que otras. Por lo tanto, vale la pena investigar sobre cada una.
- **Experiencia:** Obtener comentarios de otros usuarios sobre la plataforma le permitirá obtener una imagen en su mente sobre qué tipo de experiencia puede esperar con la plataforma y cuenta elegida.
- **Ventajas adicionales:** Algunas instituciones de corretaje le ofrecerán una serie de beneficios adicionales para hacer que usted se registre. Descubra todas las ventajas adicionales que cada una de las firmas pueden ofrecerle con la condición de registrarse.

Una última reflexión: usted no debe sentirse casado con una cuenta determinada. Si bien es posible que deba permanecer a bordo durante un período determinado de tiempo para esperar resultados, no tenga miedo de cambiar si es necesario. Hay un montón de opciones para usted pueda elegir.

Capítulo 4: Cómo elegir las acciones correctas

Elegir el stock adecuado puede parecerse mucho a tratar de adivinar o determinar el clima.

Los mercados financieros son a menudo imprevisibles, y en algunos momentos, altamente volátiles. Es por eso que elegir las acciones correctas se reduce a tener acceso a la información correcta y luego saber qué hacer con esa información.

Igualmente, hay una gran variedad de indicadores, variables, tendencias, así como alguna que otra fecha que usted puede utilizar para hacer su análisis previo a una decisión de inversión.

El mayor consejo que puedo darle es que se quede solamente con lo que sabe, al menos al principio. Por ejemplo, si usted está familiarizado con empresas de tecnología a continuación, puede comenzar a aprender todo lo necesario sobre las acciones tecnológicas y esto haría que la curva de aprendizaje sea mucho más manejable para usted. Si usted es el tipo de persona que está al día con los últimos dispositivos y está familiarizado con las implicaciones comerciales de las nuevas tecnologías, entonces el comercio exclusivo de acciones tecnológicas desde el principio puede proporcionarle un buen impulso.

Además de estar familiarizado con los embrollos de una industria específica, también hay un conjunto de indicadores que debe conocer para tomar decisiones de inversión inteligentes. Al comprender esta información, podrá obtener una mejor idea de cuándo y dónde puede estar en tendencia una acción específica.

Lo mejor de todo es que los indicadores que analizaremos en este capítulo no dependen de servicios de suscripción especializados ni de ninguna información privilegiada. Estos generalmente están disponibles en los principales medios de comunicación relacionados a finanzas y negocios. Por lo tanto, usted no tendrá dificultades para obtener la información que necesita.

Ganancias de la empresa

Para que pueda tomar una decisión acertada de inversión, deberá familiarizarse con las finanzas de las empresas que cotizan públicamente en la bolsa.

Pero no tema. Si no está familiarizado con las finanzas o no tiene demasiada inclinación financiera, este es un excelente lugar para comenzar.

El primer indicador financiero que discutiremos son los ingresos de la compañía.

En resumen, las ganancias de una empresa son todos los ingresos que obtiene la misma. La fuente de ingresos más típica para una empresa son las ventas. Sin embargo, existen otras fuentes de ingresos, como intereses pagados por depósitos, regalías de patentes, reembolsos de impuestos, entre otras fuentes de ingresos que no están relacionadas con las ventas.

La determinación de las ganancias proviene como resultado del proceso contable de una empresa. Este proceso lo lleva a cabo el personal contable de una empresa y se informa trimestralmente. Es importante tener en cuenta que las empresas que cotizan en bolsa deben presentar informes de ganancias cada trimestre. Esta es la razón por algunas de las tendencias más importantes sucedan alrededor del momento de presentación de dichos informes trimestrales. Aquí hay una guía general de cuándo usted puede esperar los informes de ganancias:

- Mediados de enero: T4 (año anterior)
- Abril: T1 (enero a marzo)
- Julio: T2 (abril a junio)
- Octubre: T3 (julio a agosto)

No es necesario aclarar que la temporada de ganancias siempre es un momento agitado de negociación ya que los resultados publicados una compañía tendrán un impacto directo en sus acciones. Muchos inversores incluso comprarán opciones para bloquear las transacciones basados en las fluctuaciones que se esperan en las existencias durante este tiempo.

Al mismo tiempo, los informes de ganancias están disponibles públicamente. Algunas compañías eligen publicar estos informes en sus sitios web. Sin embargo, no es un requisito legal que las empresas lo hagan. Entonces, la apuesta más segura es visitar el sitio web de la SEC. Contiene enlaces a los estados financieros de todas las empresas que cotizan en bolsa.

Le recomiendo encarecidamente que se tome el tiempo necesario de revisar en detalle el estado financiero de cualquier compañía que le interese adquirir acciones. Si bien es cierto que consume bastante tiempo, un balance de situación consolidado que contenga notas de auditoría así como un resumen ejecutivo le permitirá obtener una imagen clara de la situación financiera de una empresa sin excavar demasiado profundo en sus finanzas reales.

Ganancias por acción

El próximo indicador financiero a tomar en cuenta es conocido como las ganancias por acción.

Este indicador es una proporción entre las ganancias o ingresos de una empresa dividida por el número de acciones en circulación.

Por ejemplo, si la Compañía ABC ha reportado ganancias de $ 10,000 y tiene 1,000 acciones en circulación, las ganancias por acción pueden calcularse como 10,000 / 1,000 = 100. En este ejemplo, las ganancias por acción son de $ 100 por acción.

Es importante tener en cuenta que este indicador no debe confundirse con los dividendos. Las ganancias por acción indican la cantidad de ganancias de una empresa que corresponde a cada acción en circulación. Un dividendo es la cantidad de dinero que los accionistas reciben de las ganancias de la compañía al final de un año fiscal.

En consecuencia, una empresa puede publicar resultados sólidos de ganancias por acción, sin embargo, es posible que no pague un dividendo porque en realidad ha tenido una pérdida en lugar de obtener ganancias. Por otro lado, si a una empresa le va bien y genera beneficios, los inversores recibirán un cheque por los dividendos a los que tienen derecho al final del año fiscal.

Rentabilidad sobre recursos propios

El retorno sobre el capital se refiere a la cantidad de dinero correspondiente a las ganancias divididas por el capital o capital de la compañía al final del año fiscal.

Para determinar el patrimonio de una empresa, se debe utilizar la siguiente ecuación:

Activos (-) pasivos = patrimonio

En esta fórmula, los activos pueden considerarse como todo lo que posee la empresa. Conjuntamente, los activos incluyen derechos que una empresa tiene para cobrar una deuda. Por ejemplo, si una empresa ha vendido una cantidad de bienes "X" a crédito, la empresa tiene derecho a cobrar ese crédito. Esto se conoce como "cuentas por cobrar," y es un activo. Los activos incluyen vehículos, inventario de bienes, equipos de oficina, edificios, entre otros activos no tangibles como patentes y propiedad intelectual.

Los pasivos son esenciales para cualquier cosa que una empresa tenga que pagar. Por ejemplo, los préstamos y pagos pendientes a proveedores pueden considerarse pasivos. Los pasivos también se clasifican como a corto y largo plazo. Los pasivos a corto plazo son aquellos que vencen en un año o menos, mientras que los pasivos a largo plazo vencen en un período superior a un año.

El resultado final de esta ecuación es el patrimonio neto o el valor contable de la empresa.

Consideremos este ejemplo:

La Compañía ABC tiene activos totales de $ 1,000 y pasivos totales de $ 750. Entonces, 1,000 (-) 750 = 250.

En este ejemplo, el capital de la Compañía ABC o el valor en libros es de $ 250.

Ahora, si asumimos 1.000 acciones en circulación, a continuación, el valor contable de la acción podría ser 250/1000 = 0,25. Esto significa que cada acción de la Compañía ABC tiene un valor en libros de 25 centavos.

Supongamos también que la Compañía ABC registró una ganancia de $ 500 al final del año fiscal. Entonces, podemos proceder a calcular el rendimiento del capital de la siguiente manera:

Ganancia o pérdida / patrimonio

En este caso tenemos: 500/250 = 2. En otras palabras, el rendimiento del capital para este ejemplo es del 200%.

Este resultado indica que la empresa ABC se encuentra en una posición financiera sólida que garantiza que s sostenibilidad en el largo plazo.

Como ahora está familiarizado con el cálculo de este indicador, siempre puede ejecutar los números usted mismo para asegurarse de que la información que está revisando sea precisa.

Recomendaciones de los analistas

Siempre he alentado a la familia, amigos, y asociados a tomar recomendaciones de los analistas como un grano de sal.

Hay cientos de analistas que trabajan de forma independiente o para grandes empresas de inversión. Estos analistas considerarán los números en función de los datos financieros proporcionados por las empresas y los datos económicos. Con base en sus resultados, emitirán recomendaciones sobre qué acciones tienen un buen desempeño y cuáles no.

Dependiendo del analista individual de la institución para la que trabajan, tendrán más o menos credibilidad. Por lo tanto, es importante tomar las recomendaciones de los analistas y verificar esta información. A menudo, los nuevos inversores tomarán las recomendaciones de los analistas al pie de la letra y basarán sus decisiones de inversión en este llamado asesoramiento de expertos.

Si no realiza un seguimiento de las opiniones de expertos, puede verse expuesto a riesgos. Ahora, no quiero decir que los todos analistas son malos o manipulan la información. Si bien han habido casos de esto, un inversionista o trader prudente siempre seguirá cualquier recomendación con sus propios análisis. De esta manera, puede determinar si lo que está escuchando es un montón de tonterías.

Ganancias positivas

Las ganancias positivas se refieren a la tendencia observada durante un período de tiempo con respecto a las ganancias de una empresa.

Ser capaz de identificar esta tendencia es crucial en la toma de decisiones de inversión adecuadas. Cuando usted detecte una tendencia positiva de ganancias, significa que ha encontrado una compañía sólida con un buen historial. Si bien es natural que las empresas sólidas tengan un año malo aquí y allá, la tendencia general debería ser un indicador de qué tan bien ha funcionado esa empresa durante un período específico de tiempo.

Se recomienda encarecidamente retroceder tanto como lo permita la información. Pero una buena regla general es mirar los últimos 10 años hasta la fecha; esto le permitirá ver hacia dónde se dirige la empresa. Si detecta una compañía sólida que ha tenido un par de años malos, puede estar en presencia de una compañía que esté a punto de recuperarse, lo cual puede representar una buena oportunidad de inversión.

En contraste, las empresas con una tendencia de ganancias a la baja es mejor dejarlas solas. A menos que pueda obtener este tipo de acciones a bajo precio, comprar compañías como esta con la esperanza de un cambio puede hacer que termine con algunos bultos. Al principio, es mejor mantenerse alejado de acciones como estas. A medida que gane más experiencia, podrá determinar si es una inversión que vale la pena o no.

Previsión de ganancias

Esto puede hacer o quebrar una empresa.

El pronóstico de ganancias es lo que los analistas del mercado esperan que informe una compañía. Este pronóstico, o predicción, se basa en datos históricos, condiciones actuales del mercado y cualquier otro factor que pueda jugar según los analistas.

Estas previsiones son emitidas por analistas independientes, compañías de inteligencia empresarial o firmas de inversión. El pronóstico emitido por los analistas trazará una línea en la arena. Posteriormente, si una empresa informa ganancias por encima de las previsiones, puede estar seguro de que las acciones ganarán impulso.

Por el contrario, si una empresa informa ganancias por debajo de las expectativas de los analistas, lo más probable es que la acción se vea afectada. La gravedad del golpe dependerá de qué tan mal la compañía haya fallado el objetivo.

Por supuesto, esto no es una ciencia exacta, y no hay forma de predecir con precisión cuáles serán las ganancias reales. Sin embargo, los pronósticos se basan en datos sólidos y suposiciones claras. Por lo tanto, tómese el tiempo para familiarizarse con las previsiones de ganancias y vigile sus existencias durante las temporadas de ganancias. Si los analistas consideran que una acción superará las expectativas, entonces es posible que desee tomar posición en la misma. De lo contrario, manténgase alejado de los perdedores.

Crecimiento de ganancias

Este es otro indicador que rastrea una tendencia en el tiempo. El crecimiento de las ganancias es un reflejo de la gestión de una empresa y su tendencia de crecimiento y expansión.

Esta tendencia también permite a los inversores ver si una empresa ha alcanzado su punto máximo, o si todavía tiene espacio para crecer. Una tendencia de crecimiento de ganancias aplastantes probablemente significa que una empresa ha alcanzado un pico. Entonces, a menos que sean capaces de producir un cambio que estimule el crecimiento, las compañías pueden aplanarse y luego irrumpir. Este tipo de acciones proporcionará poco o ningún valor.

Por otro lado, si ve que una empresa ha tenido una tendencia de crecimiento decente, pero ha tenido un mal año, entonces podría obtener acciones de calidad a bajo precio. Luego puedes venderlas, mantenerlas o cambiarlas cuando las racha cambie.

Esta información está generalmente disponible; aunque usted puede visualizar las tendencias con sólo mirar el balance de una empresa en los últimos diez años. Usted sólo tiene que concentrarse en su cuenta de ganancias. No es necesario centrarse en información adicional. Por supuesto, un análisis más exhaustivo lo llevará a profundizar en otras partes de las finanzas de una empresa.

Una palabra de precaución: tenga cuidado con las empresas que no han mostrado mucho crecimiento y luego de repente se disparan. Cuando esto sucede, generalmente se debe a eventos singulares que han causado que la compañía aumente sus ganancias. A menos que el pico sea parte de una tendencia general de crecimiento, es posible que tenga un valor atípico en sus manos. Por lo tanto, es posible que usted desee mantenerse alejado de él. Sin embargo, también podría capitalizar el zumbido y cambiar la acción mientras aún está en alza; solo tenga cuidado de estar listo para la próxima temporada de ganancias.

Radio de PEG

La relación PEG representa la relación precio / ganancias a crecimiento.

Esta relación es una medida del desempeño de una acción en comparación con su crecimiento esperado. En otras palabras, es una medida de qué tan bien una acción ha cumplido con las expectativas.

Esta es una medida ideal para empresas que tienen una clara tendencia de crecimiento. Sin embargo, es una excelente manera de medir el rendimiento de cualquier empresa a lo largo del tiempo. Cabe señalar que cuanto mayor es la ración de PEG, mejor potencial de crecimiento exhibe una empresa.

Además, esta relación es una medida del valor de la base de acciones de una empresa en contraste con su crecimiento real. Esta relación también se considera que es más compleja en comparación con la relación tradicional P/E, que es, el radio precio a ganancias.

La relación P / E tradicional toma en consideración el precio de las acciones de una empresa y lo divide entre las ganancias de una empresa. Es por eso que la relación PEG es más compleja ya que considera el crecimiento . Además, la relación PEG es un indicador mucho más preciso de la tendencia de crecimiento de una empresa en comparación con la relación P / E.

Ganancias de precios industriales

Este indicador se basa en la relación P / E individual calculada para una empresa y la contrasta con la relación de toda la industria. Por lo tanto, la relación P / E se puede calcular para una empresa individual y una industria completa.

La relación P / E de la industria representa una medida agregada del desempeño de una industria en su conjunto. Es la suma de todas las empresas en una sola industria.

La relación P / E de la industria puede servir como línea de base para empresas individuales. Entonces, si una compañía dada tiene una relación P / E superior al promedio de la industria, puede estar seguro de que es una compañía sólida. Por el contrario, si una empresa muestra una relación P / E por debajo del promedio de la industria, entonces es posible que deba profundizar más para ver por qué esta empresa tiene un rendimiento inferior.

Vale la pena señalar que los promedios de la industria no son totalmente representativos de empresas individuales. Por ejemplo, una industria puede estar dominada por un solo jugador y luego formada por múltiples jugadores más pequeños. Es por eso que siempre es una buena idea mirar la relación P / E del jugador más grande en una industria. Esto le permitirá ver cuán grande puede ser la brecha entre el mejor jugador y otros jugadores en la misma industria.

Por lo tanto, echar un vistazo a la empresa más grande le permitirá ver qué tan representativa en realidad es la relación P / E de toda la industria . Quizás puedas encontrar un mejor valor en los jugadores más pequeños que en los más grandes.

Días para cubrir

El último indicador a considerar en este capítulo se llama días para cubrir. Esta medida consiste en determinar el número de días que los vendedores cortos tienen para cubrir sus posiciones.

Una venta corta consiste en un inversionista que compra un activo y luego lo cambia a otro comprador, con suerte, a un precio más alto. Sin embargo, el inversor tiene un período de tiempo establecido en el que necesita pagar la compra de las acciones.

Si la venta en corto fue exitosa, el inversor debería tener suficiente efectivo para cubrir la posición. Sin embargo, si las acciones caen en valor, el inversor puede tener que vender inmediatamente para reducir sus pérdidas. Esta es la razón por ventas en corto son algunas de las estrategias de inversión de mayor riesgo que existen.

La relación días a cobertura se puede medir tomando el interés corto actual y dividiéndolo en el volumen diario promedio. Además, un vendedor en corto puede usar órdenes de stop-loss para evitar ser golpeado en caso de que el stock que está acortando caiga por debajo de su nivel esperado.

Las ventas en corto no se recomiendan para inversores a largo plazo. De hecho, las ventas cortas son bastante buenas para los inversores a corto plazo, especialmente cuando una acción ha experimentado cierta volatilidad. Al acortar las acciones, los inversores deben estar interesados en no esperar demasiado, de lo contrario se verán obligados a cubrir, y es posible que no tengan los fondos para hacerlo.

Bueno, ciertamente hemos cubierto mucho en este capítulo. Sé que ha estado lleno de discusión financiera con la que usted puede que no esté familiarizado. Pero la buena noticia es que hay cursos de capacitación que se basan en los conceptos presentados en este libro.

Además, los inversores deben familiarizarse con los estados financieros de las empresas. En particular, debe familiarizarse con los balances y la información que contienen. Además, las declaraciones P/L o estado financiero de ganancias y pérdidas, le permitirán ver hacia dónde se dirige una empresa.

Los estados financieros no solo están disponibles, sino que son la mejor fuente de información sobre la salud financiera de una empresa.

Por ley, las empresas que cotizan en bolsa deben presentar estados financieros auditados. Eso significa que los auditores externos deben verificar de forma independiente la información presentada por una empresa. Desde el escándalo de Enron de 2001, las firmas de auditoría externa han sido sometidas a estándares extremadamente estrictos. Por lo tanto, es seguro asumir que la información presentada en los estados financieros de una empresa es tan precisa como sea humanamente posible.

Entonces, no temas a las finanzas. Esta sección le ha proporcionado los aspectos más importantes que necesita comprender para evaluar las existencias o stocks con precisión. Con esto en mente, usted puede sentirse tranquilo de haber tomado sus decisiones de inversión basándose en información financiera sólida.

Además, podrá tomar los pronósticos y recomendaciones de los analistas y comprobar por sí mismo si lo que dicen los expertos es realmente cierto. Tienes todas las herramientas que necesitas a tu disposición; es solo cuestión de entender qué hacer con ellos.

Para comenzar a aprender más sobre las finanzas de las compañías, le sugiero que visite los sitios web de las compañías. Si no tienen información financiera disponible, puede leer detenidamente el sitio web de la SEC para ver qué información está disponible en cualquier compañía.

Capítulo 5: El mejor momento para comerciar

Los day traders, por definición, abren y cierran sus posiciones dentro del mismo día comercial. Por lo tanto, no hay posiciones abiertas de un día para otro.

Ya hemos discutido cómo esta estrategia de inversión puede ayudar a los day traders a dormir mejor por la noche, ya que pueden irse a la cama sabiendo que no habrá una sorpresa para mañana esperándolos.

Ahora, durante el día de trading en sí mismo, hay una serie de puntos específicos en los que puede ver más o menos actividad. Además, hay ciertos puntos en los que notará mayores ganancias o mayores pérdidas.

Visión general

En términos generales, los mercados abren alrededor de las 9 a.m. Si bien esto no está tallado en la piedra, es una regla general. Comprender esto es importante, ya que ha esa hora ya están sucediendo intercambios financieros en todo el mundo, mientras que Norteamérica está disfrutando de una buena noche de sueño.

Un buen indicador de lo que vendrá en un día comercial determinado es la tendencia en el mercado internacional de futuros. Por ejemplo, la tendencia observada en el mercado de futuros en Asia ayudará a dar un indicador de qué esperar en América del Norte al día siguiente.

Para aquellos que comercian en FOREX, las operaciones de divisas durante la noche en los mercados extranjeros permitirán a los traders del día ver qué hay por delante para ese día de negociación. Es por eso que dejar las posiciones abiertas durante la noche puede suponer un riesgo grave.

Permítame dar más detalles.

Supongamos que está negociando futuros. Un contrato de futuros es un tipo de derivado que busca fijar el precio de una mercancía antes de su entrega real.

El mejor ejemplo de un contrato de futuros es el petróleo. El petróleo se compra y se vende hoy, pero se entrega tres meses después. Entonces, técnicamente, los inversores están negociando algo que aún no existe. El petróleo entrará en existencia cuando se bombee y luego se envíe a las refinerías.

Ahora, si decide comprar un contrato de futuros de petróleo, puede cerrar su día con un punto de precio. Sin embargo, los futuros del petróleo se vieron afectados en los mercados asiáticos mientras usted dormía cómodamente.

Tenga en cuenta que lo que pasó durante la noche no le afectará hasta que el día de la operación se pone en marcha de nuevo. Después de ver lo que sucedió en los mercados asiáticos, los inversores con futuros de petróleo y ETF de petróleo pueden optar por salir de inmediato. Por lo tanto, no van a esperar mucho. Estos inversores abandonarán sus futuros y ETF tan pronto como toque la campana de apertura.

Por lo tanto, a menos que se levante muy temprano, puede perderse de toda la acción y ver que su inversión cae en picada.

Como puede ver en este ejemplo, dejar posiciones abiertas durante la noche puede dejarlo vulnerable a los efectos de los mercados extranjeros. Es por eso que cerrar sus posiciones al final del día le permitirá dormir bien por la noche.

Apertura del mercado

En el ejemplo anterior, discutimos cómo los inversores vuelcan lo que no quieren justo al comienzo del día de negociación. Por lo tanto, las mayores pérdidas ocurren al comienzo del día. Y, las mayores gangas se pueden encontrar al comienzo del día.

Supongamos que ha estado rastreando una acción que ha estado en una tendencia a la baja. Puede elegir establecer un precio para comprar. Usted puede que quisiera comprar una opción que dará lugar a una orden de compra cuando el precio caiga en un punto especificado. Cuando esto suceda, podría encontrarse obteniendo el trato que deseaba en una acción que ha estado rastreando.

Luego, a medida que avanza el día de negociación, encontrará que los mercados tienden a rebotar y recuperarse de las pérdidas iniciales.

Lo opuesto también es cierto. Cuando hay noticias positivas de los mercados extranjeros, en la apertura del mercado de América del Norte podrá ver un salto significativo. Puede optar por ingresar de inmediato y vender rápidamente antes de que se acabe el impulso. Esto puede resultar un poco arriesgado, ya que necesita cronometrar la compra y venta rápidamente. Esto puede significar que usted mantendrá una posición durante sólo un par de horas, si no, minutos.

Por lo tanto, le animo a que chequee las tendencias de los mercados extranjeros a primera hora de la mañana. Esto le permitirá desarrollar su estrategia para ese día de negociación.

Cierre del mercado

Es posible que se sorprenda al saber que las mayores ganancias se obtienen al final del día de negociación. Esto es cierto ya que la mayoría de los inversores buscan cerrar si no todas sus posiciones, la gran mayoría al final del día. Por lo tanto, es el último par de horas en un día de operaciones las que tienden a ser más rápidas y más furiosas.

Supongamos que obtuvo un buen trato al comienzo del día. Dado que logró obtener algunas acciones de calidad a un buen precio, se encuentra sentado y rastreando el impulso en esa acción. De repente, puede ver que el stock comienza a subir a las 2 en punto de la tarde. Esa podría ser la señal de que es hora de vender.

Una vez que la acción ha pasado su punto de venta designado, es hora de apretar el gatillo y dar por finalizado el día.

Por lo tanto, el cierre del mercado generalmente tiende a ser un buen momento para vender, especialmente si no está interesado en tener posiciones abiertas durante la noche.

Si usted es un comerciante de swing y mantiene las posiciones abiertas durante la noche, entonces el final del día de negociación puede proporcionarle algunas gangas, ya que la mayor acción de venta en realidad puede bajar el precio de algunos activos. Esto es particularmente cierto para las acciones que han tenido un rendimiento inferior o que simplemente no se han recuperado. Los inversores que desean reducir sus pérdidas o simplemente cerrar el día pueden optar por vender a cualquier precio que puedan manejar.

Evite trampas

La mayor trampa que usted debe evitar tiene que ser seguir a la multitud. La mentalidad de la masa ha llevado a muchos inversores a entrar en acciones que no van a ninguna parte. Desafortunadamente, los day trader y los inversores promedio pueden babearse sobre una selección de acciones recomendada por un analista de televisión. Esto puede desencadenar un frenesí para ese stock. No hace falta decir que esto no es algo de lo que usted desee formar parte.

Al mismo tiempo, tener acceso a fuentes de información creíbles es la mejor manera de tomar decisiones acertadas de inversión basadas en datos y análisis sólidos.

Los day trader también deben cumplir con su plan de juego. Puede ser tentador aferrarse a las existencias durante un par de días. Pero a menos que esté seguro, tanto como sea posible, de que la tendencia observada en ese stock durará todo lo que anticipa, lo mejor es retirar el dinero al final del día. Es lo mejor que puede hacer para garantizar su salud mental.

Capítulo 6: Reducción del riesgo en el day trading

La gestión del riesgo es un elemento clave en cualquier estrategia de inversión exitosa.

Los inversores más experimentados entienden la importancia de gestionar el riesgo de tal manera que puedan prever los posibles inconvenientes que conlleva participar en cualquier tipo de negociación en los mercados financieros.

Entonces, el riesgo es una vulnerabilidad que deja a un inversor expuesto a un resultado negativo. En consecuencia, las vulnerabilidades representan el potencial de un resultado negativo, creando así una condición que afectará negativamente los resultados deseados.

Basados en esta lógica, un riesgo es un posible resultado negativo. Eso significa que usted debe hacer todo lo posible para manejar esa situación potencial y tomar conciencia de cómo puede reducir la probabilidad de ocurrencia de la condición negativa se haga realidad.

Los inversores experimentados entienden dónde se pueden esconder los posibles peligros y qué pueden hacer para evitarlos. A menudo, son conscientes de estas trampas porque han caído en ellas. Otras veces, los inversionistas prudentes aprenden de los errores de los demás y pueden identificar los mismos riesgos potenciales en su propia actividad comercial.

En este capítulo, analizaremos algunas de las vulnerabilidades que debe tener en cuenta durante la negociación. Al abordarlos, puede asegurarse de estar un paso por delante de estos resultados potencialmente negativos.

Además, comenzará a desarrollar su perspicacia comercial hasta un punto en el que pueda detectar automáticamente cuándo se expone al riesgo.

Ahora, a lo largo de este libro hemos abordado el riesgo. Esa es la razón por la cual he abogado por la validez de convertirse en un day trader.

¿Por qué?

Bueno, he subrayado en numerosas ocasiones cuán vulnerable se vuelve usted cuando deja posiciones abiertas durante la noche. Al cerrar sus posiciones antes del final del día trading, ha gestionado el riesgo de tal manera que elimina la incertidumbre de su inversión.

Al abrir y cerrar sus posiciones todos los días, está seguro de cuál es su situación actual en todo momento. De cierta manera, se proporciona tranquilidad para usted mismo. Entonces, si tuvo un mal día, puede dejarlo atrás y seguir adelante. Si tuvo una buena idea, puede aprovechar ese éxito y continuar el camino al día siguiente.

Cualquiera sea su circunstancia, dejar las posiciones abiertas sin supervisión es abrir la puerta a los problemas. Esto resalta el mayor riesgo que podría afectarlo: no poder reaccionar a tiempo a las condiciones cambiantes del mercado.

Si no usted no se encuentra físicamente en capacidad de lidiar con las situaciones a medida que ocurren, entonces se está preparando para posibles pérdidas.

Consideremos un ejemplo:

Está negociando FOREX.

FOREX es altamente volátil, lo que significa que las fluctuaciones pueden ocurrir inesperadamente y golpearlo sin miramientos.

Entonces, digamos que está negociando dólares estadounidenses y euros. Este par de divisas parece bastante inofensivo ya que ninguna de las dos monedas ha experimentado fluctuaciones significativas. Así, los márgenes de spread son bastante estrechos. Eso significa que sus ganancias o pérdidas no serán significativas, pero dado el momento adecuado, puede ganar unos cuantos dólares en cada operación.

Ahora, supongamos que abre y cierra su posición todos los días. Sea cual sea su resultado, ganancia o perdida, usted tiene claridad sobre su posición.

Sin embargo, usted decide que estas dos monedas son lo suficientemente estables como para dejar su posición abierta y permitir que las fluctuaciones del mercado jueguen durante la noche. Siempre puede reanudar el trading cuando se despierta por la mañana. A menos que esté planeando dormir durante cuatro horas, esto lo deja vulnerable a las fluctuaciones de los mercados europeos que operan de la noche a la mañana.

Supongamos además que el Banco Central Europeo ha anunciado una tasa de interés y que los inversores comienzan a dejar el euro para favorecer otras monedas como el franco suizo, el dólar estadounidense o incluso el oro. Si tiene euros, el valor de su inversión puede caer rápidamente, eliminando cualquier potencial de ganancia. Si se encuentra haciendo trading cuando se conoce la noticia, podría reaccionar rápidamente y realizar el trade correspondiente. Pero como está teniendo una buena noche de sueño, sus respuestas llegarían demasiado tarde.

Este ejemplo muestra cómo las cosas pueden cambiar rápidamente y dejar poco tiempo para reaccionar.

En virtud de esto, adoptar un enfoque proactivo para enfrentar el riesgo le permitirá protegerse mejor contra el riesgo potencial y reducir sus pérdidas si las cosas llegan tan lejos.

Determinar la cantidad correcta de capital invertible

Determinar la cantidad de dinero que debe invertir en el trading es tan complicado como tratar de decidir cuánto dinero debe apostar en Las Vegas.

La parte más fácil es entender que no debes apostarlo todo. A menudo, los inversores buscan no solo dar un jonrón, sino un grand slam.

Como mencioné anteriormente, es posible dar un grand slam. Es factible, aunque rara vez ocurre. La razón de esto es que necesitaría invertir una cantidad considerable de capital y obtener una ganancia en una operación que multiplique su inversión original.

Dicho esto, poner todos sus activos invertibles en el trade de una sola vez lo expone a riesgos innecesarios. Ahora, no estoy diciendo que perderá todo tu dinero y terminará en bancarrota. Pero debe tenerse en cuenta que tales cosas suceden cuando los inversores se vuelven imprudentes.

Siempre he abogado por un enfoque gradual en el que usted pueda aumentar su patrimonio a un ritmo moderado. Al hacer esto, se asegurará que las condiciones del mercado prevalezcan, no perderá todo en el peor de los casos.

Por lo tanto, le animo a chequear los mínimos de cuenta que las cuentas de corretaje requieren. Basado en eso, usted puede decidir qué cantidad está dispuesto a apostar. A mi modo de ver, usted debe pensar en el dinero que va a invertir como la cantidad que estaría dispuesto a gastar en Las Vegas. Es decir, imagine que va a pasar un fin de semana en un casino y que está perfectamente bien gastando ese dinero jugando en ese lugar.

Al mantener esa actitud, no se está involucrado emocionalmente en el resultado de tus intercambios. No sentirá presión para tener éxito, ya que estará cómodo con la idea de perder el dinero.

¿Eso significa que debería jugar para perder?

¡Por supuesto que no!

Simplemente significa que si invierte una suma considerable de dinero, sentirá la presión de ganar cada operación. En consecuencia, estar bajo ese tipo de presión puede nublar su juicio y le llevará a realizar operaciones que podrían no ser del todo cómodas, simplemente porque hay mucho en juego.

Es por eso que siempre animo a la gente a evitar apostar grandes cantidades, demasiado pronto. Si usted es completamente nuevo en este ámbito, pequeños pasos progresivos asegurarán que tenga una estrategia sólida. Eventualmente, podrá acumular suficiente capital para poder participar en operaciones más grandes. A medida que gane experiencia y reconozca las oportunidades disponibles para usted, podrá golpear jonrones de manera consistente. Después de todo, los mejores bateadores de jonrones no comienzan lanzando la pelota fuera del estadio. Tienen que poncharse varias veces antes de obtener los grandes éxitos.

Fijar un punto de stop-loss

Discutimos los puntos de stop-loss anteriormente cuando nos referimos a los tipos de órdenes disponibles en las inversiones.

Un punto de stop-loss consiste básicamente en dibujar una línea en la arena en la cual usted decidió que venderá automáticamente cuando la acción llegue a ese punto,

Un enfoque conservador podría ser configurar su punto de stop-loss ligeramente por encima de su precio de compra. Por lo tanto, se asegurará de no perder dinero en el trato, incluso si eso significa obtener un ligero beneficio. Además, podría bajar aún más y establecer su punto de stop-loss en su precio de compra para alcanzar el punto de equilibrio.

Este enfoque está configurado para garantizar que no pierda dinero en acuerdos. Sin embargo, usted podría ser un poco más agresivo y establecer su punto de stop-loss por debajo del precio de compra. La razón para esto es que le dará un poco más de tiempo para la recuperación de la acción, incluso si tiende a la baja. La lógica detrás de este enfoque es que si una acción baja lo suficiente, provocará múltiples puntos de venta y se recuperará.

Este es un enfoque arriesgado ya que no hay una forma de saber con seguridad hasta qué punto caería una acción. De hecho, si establece un punto de stop-loss demasiado bajo, podría caer por debajo de los puntos de stop-loss de otros inversores. Esto significa que usted nunca podrá recuperarla, ya que una gran cantidad de órdenes de venta reducirá aún más el precio de las acciones. Para el momento en que entre en vigor su orden de venta, tendrá una probabilidad de 50/50, en el mejor de los casos, de atrapar el rebote.

Entonces, cuando decida establecer su punto de stop-loss, siempre pregúntese qué tan bajo estaría dispuesto a ir. La respuesta a esa pregunta determinará su punto de stop-loss.

Trabajando con un corredor

Las firmas financieras emplean corredores para ser administradores a tiempo completo de los activos de sus clientes. De esta manera, los corredores son personas experimentadas que tienen una comprensión clara de cómo funciona el trading, los riesgos y las oportunidades que pueden estar disponibles para los inversores.

Los inversores pasivos siempre están dispuestos a pagar un poco más por los corredores calificados que tienen un historial sólido en la gestión de activos. Esto es algo importante a considerar especialmente si usted es nuevo en el juego de la inversión.

Al trabajar con un corredor, usted no está admitiendo que no puede hacerlo por sí mismo. Lo que está reconociendo es que la experiencia del corredor lo ayudará a reducir el riesgo de perder dinero mientras aprende cómo funcionan los mercados. En consecuencia, buscar su consejo puede ser tanto una experiencia de aprendizaje, como una forma de protegerse.

Naturalmente, este consejo no es gratis. Sin embargo, es posible que usted conozca lo que incluye su cuenta de corretaje. Las cuentas de servicio completo pueden incluir sesiones de asesoramiento con un corredor certificado que pueda ayudarlo a hacer los acuerdos correctos. Esto generalmente forma parte de la cuota de mantenimiento que paga por su cuenta.

Otras cuentas de corretaje de servicio completo ofrecen seminarios de capacitación, seminarios web o incluso llamadas de coaching individuales. Por lo tanto, vale la pena buscar una cuenta de corretaje de servicio completo.

Por otro lado, las cuentas de descuento seguramente no ofrecerán ningún tipo de soporte. En ese caso, es posible que usted desee buscar asesoramiento profesional con una tarifa pagadera por hora. Esto le asegurará el entrenamiento que necesita y le proporcionará acceso directo a un profesional experimentado y con licencia.

Un consejo sobre los cursos de capacitación en línea: los cursos en línea de supuestos expertos no siempre son 100% precisos. Si bien pueden no ser intencionalmente engañosos, pueden estar fuera de su evaluación los acuerdos financieros. Por lo tanto, siempre es una buena idea consultar diferentes fuentes antes de atender a cualquier asesoramiento financiero. Una buena regla general a seguir, es asegurarse que cualquier persona que le brinde asesoramiento financiero sea un corredor con licencia. Si este le da el consejo equivocado intencionalmente, perderá su licencia. Así, tenga cuidado con cualquier persona que no esté debidamente autorizada.

Tomar descansos cuando sea necesario

Tomar un descanso no es un riesgo en sí mismo. El riesgo está en esforzarse demasiado.

Cuando los inversionistas toman el day trading como una ocupación a tiempo completo, se necesita disciplina para mantener un horario equilibrado. Algunos comerciantes pueden elegir registrarse justo al comienzo de la jornada, tomar un descanso para el almuerzo y regresar para la sesión de la tarde.

Sin embargo, ser un day trader no se detiene allí. Hay una cantidad considerable de tiempo y esfuerzo que debe invertirse en investigación y el estudio. Aquí es, donde convertirse en trader puede ser abrumador. Es por ello que mantener un horario saludable puede garantizar que usted siempre tenga la mente fresca.

Sin embargo, hay un punto en el que usted debe tomar un descanso total. Encontrar el momento adecuado para hacerlo puede convertirse en un desafío. Dado que su sustento dependerá de los resultados que pueda obtener del trading, usted debe asegurarse de contar con las reservas de dinero suficientes para cubrir sus gastos mientras no esté en el trading.

Cuando usted logre ser verdaderamente exitoso, podrá ahorrar algo de dinero para tales ocasiones. Algunos traders optan por tomarse un par de días de descanso de vez en cuando, solo para relajarse y despejar sus mentes. Ya que los mercados están abiertos de lunes a viernes, usted puede cerrar sus posiciones el viernes por la noche y bajar el portón durante el fin de semana.

Hay algo que advertirse sobre tomarse unas largas vacaciones como day trader. Además del hecho de que probablemente no se encuentre generando ingresos cuando está de vacaciones, mantenerse alejado durante mucho tiempo, podría afectar su poder. Ahora, esto no quiere decir que usted no deba tomarse unas vacaciones, solo significa que, incluso al irse de descanso, sería buena idea no apartarse del todo.

Lo ventaja del day trading es que en esencia, usted puede hacerlo desde cualquier lugar del mundo, siempre que cuente con una conexión a Internet. Así, usted podría optar por tomar unas vacaciones prolongadas y planificar su day trading en torno a otras actividades que desea realizar o lugares que planea visitar.

Recuerde que una de las principales razones por las cuales los inversores se convierten en day traders es para lograr obtener la libertad y flexibilidad de trabajar en cualquier lugar, cuando lo deseen.

Manteniendo las emociones bajo control

Las películas de Hollywood a menudo retratan a los corredores de bolsa como individuos llamativos y extravagantes que muestran sus emociones.

La verdad es que ser un operador bursátil requiere tener nervios de acero. A menudo, hay situaciones en las cuales los traders necesitan mantener la cabeza fría mientras ejercen si buen juicio. Aquellos individuos que dejan que sus emociones se apoderen de ellos pueden terminar tomando decisiones desacertadas con respecto a sus inversiones.

Mantener las emociones bajo control es parte de la autodisciplina que los traders deben ejercer. El autocontrol es especialmente importante cuando las emociones son altas durante los momentos de adrenalina o de caídas. Muchos inversores quedan atrapados en el frenesí cuando otros claman por comprar o vender.

Particularmente, las caídas del mercado tienden a sacar lo peor de las personas.

Veamos el colapso del mercado de 1929. Muchos inversores perdieron todo menos la camisa que llevaban puesta. Esta situación devastadora motivó el suicidio de individuos en ruinas. Un avance rápido hasta 2008, cuando la gran crisis financiera fue un ejercicio de codicia por parte de banqueros e inversores, mientras que los ciudadanos comunes quedaron atrapados en el dinero que quedaba disponible para ellos.

Estos son ejemplos de cómo las emociones pueden nublar el buen juicio de un individuo. En consecuencia, uno de los rasgos más importantes es de cualquier inversor es mantener la cordura en tiempos de euforia y dificultades. Al establecer un punto de stop-loss o colocar opciones, los inversores pueden utilizar dispositivos automáticos para proteger sus posiciones de cambios inesperados.

Otro aspecto importante, es que aquellos inversores con la capacidad de mantener la calma aprenderán a ver el valor y la oportunidad en circunstancias en que otros entran en pánico. Además, los inversores en pánico toman decisiones precipitadas. Estas son las condiciones que los inversores inteligentes pueden aprovechar para su beneficio.

Evitar modas

Las modas y las tendencias son peligrosas. Con frecuencia, los inversores que siguen a la multitud se exponen a riesgos innecesarios. Cuando los inversores eligen entrar en un vehículo de inversión porque está "caliente" significa que la oportunidad de ganar dinero con esa inversión se fue hace mucho tiempo.

Dado que el precio de las inversiones depende de la oferta y la demanda, el aumento en los precios de los activos ocurre cuando un gran número de compradores decide ingresar. En este punto, los inversores originales ya han limpiado. Lo que queda es una cadena de inversores persiguiendo el mismo negocio.

El mejor momento para entrar en inversiones es las primeras etapas. Por ejemplo, cuando las empresas están en su fase inicial, ofrecen la mejor oportunidad para que los inversores y los capitalistas de riesgo obtengan el mayor valor de su dinero. Cuando las empresas finalmente llegan a su oferta pública inicial (OPI), estos inversores iniciales pueden hacer limpieza cuando la próxima ronda de inversores devora las acciones. Incluso aquellos inversores que se abalanzan sobre la OPV pueden sacar provecho cuando el precio de la acción gana impulso. En este punto, los inversores más recientes harán una miseria con ello.

La moraleja de esta historia es que puede encontrarse un gran valor cuando los inversores van contra la corriente. Cuando un inversor decide seguir a la multitud, solo está alimentando el frenesí. Cuando un inversor elige un camino alternativo, las oportunidades para encontrar gemas ocultas aumentan significativamente. Por supuesto, esto requiere una mayor investigación, pero el potencial definitivamente vale la pena.

Además, los inversores que mantienen sus emociones bajo control serán capaces de liberarse de las modas del mercado y hacer sabias decisiones de inversión basadas en su estrategia personal mientras mantienen el foco en alcanzar sus objetivos.

Los puntos descritos anteriormente permiten a los inversores gestionar el riesgo. Está claro que el riesgo es una parte inherente de la inversión. Por lo tanto, no hay forma de evitarlo por completo. Lo mejor que pueden hacer los inversores es administrar el riesgo de tal manera que haya una estrategia clara, definida en caso que ocurra lo peor.

Al final del día, la experiencia es el mejor maestro. Los inversores que aprenden de sus errores, y los de otros, pueden adquirir valiosas habilidades en la gestión de riesgos y la protección de sus activos. Además, mantener la cabeza fría es la mejor manera en que los inversores pueden reducir su exposición al riesgo. Cuando los inversores no mantienen la moderación, su juicio se nubla. Este juicio distorsionado, puede conducir a una inversión más riesgosa. Como hemos discutido anteriormente, dichas inversiones exponen a los inversores a un riesgo aún mayor. A menos que un inversor tenga experiencia y comprenda completamente la mecánica del vehículo de inversión, lo mejor es ir a lo seguro. Los inversores inexpertos pueden profundizar más a medida que ganan experiencia.

Capítulo 7: Estrategias de day trading

Convertirse en un trader exitoso es en parte arte y en parte ciencia.

El lado artístico del trading consiste en desarrollar e intuir las oportunidades potenciales y ser capaz de detectar gemas ocultas donde otros no puedan encontrarlas. Esta habilidad artística se desarrolla a través de años de experiencia y lecciones aprendidas. A menudo, los inversores confían en sus instintos para averiguar dónde pueden encontrar las oportunidades de oro.

Sin embargo, el trading de inversión no se trata solo de la intuición o la detección de oportunidades. En muchos sentidos, ser un trader exitoso depende del uso de los datos y análisis disponibles para realizar un trade basado en información sólida y relevante.

Por lo tanto, para aprovechar los datos y análisis disponibles, los inversores deben familiarizarse con las herramientas estadísticas que están a su disposición. Esta información puede provenir de los datos de inteligencia empresarial ofrecidos por las casas de bolsa a través de sus cuentas. Otras fuentes de información incluyen los principales medios de comunicación, canales comerciales y analistas.

A primera vista, la gran cantidad de información disponible para los inversores puede parecer abrumadora. El flujo constante de información puede hacer que el inversor novato se sienta sobrecargado con datos y números. En consecuencia, es importante que los inversores tengan una idea clara de lo que significa toda esta información para clasificarla y utilizarla en su beneficio.

Presentaremos una serie de herramientas estadísticas que están a disposición de los inversores para que puedan tomar decisiones acertadas de inversión basadas en datos empíricos sólidos. Pero no hay que preocuparse. No vamos a entrar en detalles sobre cómo calcular cada una de estas herramientas estadísticas. Pero si disertaremos acerca de para que se utilizan y cómo podemos utilizarlas para que la próxima vez que usted las vea, sea capaz de obtener el máximo provecho de la información presentada.

Lo más importante a tener en cuenta es que la práctica hace al maestro. Por lo tanto, mientras más repase la información de negocios relacionada con las acciones que le interesan, estará más familiarizado con sus patrones, tendencias y las generalidades.

Candlesticks

Uno de los elementos en la descripción del trabajo de un trader de inversiones es saber a leer gráficos. Hay varios tipos de gráficos con los que deben familiarizarse los inversores. Por ejemplo, los datos estadísticos en gráficos ilustran las tendencias y patrones de los mercados financieros. Estos se presentan en casi todos los informes relacionados con los mercados de valores.

En esta sección, veremos un tipo de gráfico muy específico que se llama Candlestick Chart

Los Candlestick Chart consisten en un modelo estadístico que toma en cuenta el vínculo entre precio, oferta y demanda. Esta relación se presenta en un cuadro que consta de varios renglones, que se asemejan a unas velas y representan la tendencia del precio de una acción individual.

El Candlestick Chart contiene cuatro componentes: el precio bajo, el precio alto, el precio de apertura y el precio de cierre. Estos cuatro elementos se unen para producir lo que se conoce como Candlestick Chart. Este gráfico representa el rango de precios de una acción con respecto a su precio de apertura y cierre para ese día.

Los Candlestick Chart regulares tienen dos tipos de representaciones. Uno de ellos es un cuerpo negro, y el otro es un cuerpo vacío. Un Candlestick Chart con un cuerpo negro representa un rango de precios en el cual el precio de cierre fue más bajo que el de apertura. En teoría, esto significa que la acción perdió valor durante el día de trading. Si el cuerpo de la vela está vacío, eso indica que el precio de cierre fue más alto que el precio de apertura. En otras palabras, esto significa que las acciones ganan valor a lo largo del día de trading.

Las velas en sí se pueden codificar por colores para determinar cuándo ha subido el precio o cuándo ha bajado. En términos generales, los inversores prefieren usar rojo, en lugar de negro, para indicar que el precio ha bajado. Además, algunos inversores prefieren usar el verde para indicar que el precio ha subido.

Candlesticks Alcistas

Cuando se hace referencia a las tendencias del mercado, los inversores s usan el término "mercado alcista" para indicar que el mercado es fuerte, y que está ganando en valor. Así, las Candlesticks alcistas son aquellas que indican una tendencia positiva en un mercado.

En esencia, la tendencia alcista puede observarse cuando el número de compradores supera a los vendedores. En ese sentido, la ley de oferta y demanda determinará que cuando los compradores superen en número a los vendedores, los precios subirán en función de la escasez del bien. Los compradores estarán dispuestos a pagar cada vez más por un bien escaso. A menos que el bien sea tan abundante que el número de vendedores sea irrelevante, los precios siempre subirán cuando la demanda supere a la oferta.

Es importante tener en cuenta que el aumento de los precios de las acciones siempre es un indicador de un mercado alcista. Por lo tanto, los inversores pueden utilizar los datos proporcionados por la tendencia al alza de las las Candlesticks.

Nota adicional: una acción individual puede considerarse alcista incluso si todo el mercado está en baja. Cuando los mercados están bajos, eso no significa necesariamente que todas las acciones estén bajas. De hecho, algunas acciones se benefician de un mal mercado. Por ejemplo, las acciones que siempre han mantenido precios bajos serían atractivas para los inversores debido a su menor valor. Esto puede resultar rentable cuando los mercados comienzan a recuperarse.

Candlesticks bajistas

El término "mercado bajista" se utiliza cuando los mercados están caídos. Así, un mercado bajista indica que la tendencia general del mercado es a la baja. Esta tendencia se refleja en el precio de las acciones, ya que están por debajo de sus máximos anteriores.

La regla general utilizada para denominar a un mercado bajista consiste en que este experimente una reducción de al menos un 20% desde su máximo anterior. Esto implica que surgirá un mercado bajista cuando la tendencia general haya bajado al menos un 20%.

El mismo principio se aplica a los stocks individuales. Cuando el precio de una acción enfrenta una tendencia a la baja, sus candlesticks también reflejaran esta tendencia. Por lo tanto las candlesticks bajistas, indican que la acción está perdiendo valor. Esta tendencia puede ocurrir independientemente de las condiciones prevalecientes en el mercado. Por lo tanto, incluso si el mercado de valores está en auge, una acción individual puede mostrar signos de pérdida de valor.

En términos generales, una acción individual puede volverse bajista cuando la oferta supera a la demanda. En este caso, hay más vendedores que compradores. En consecuencia, los vendedores deben aceptar un precio reducido para vender sus acciones. Cuantos más vendedores haya en el mercado, más se bajará el precio.

Vale la pena señalar que cuando una acción ingresa al territorio del mercado bajista, un inversor debe decidir si es mejor retener la acción y esperar un rebote, o vender en corto y reducir las pérdidas. La consideración más importante en relación a esto es que las tendencias bajistas deben tomarse en serio, y las posiciones deben cerrarse para evitar pérdidas considerables.

El patrón ABCD

El patrón ABCD es un modelo estadístico que utiliza datos para determinar el potencial de las posiciones largas. En este caso, las posiciones largas se refieren a la compra de acciones en las cuales el inversionista tomará una participación accionaria.

En general, el patrón ABCD utiliza datos intradía para medir la tendencia del stock. Además, este modelo toma en cuenta el riesgo establecido para el stock en cuestión. También mide lo que se conoce como nivel de ruptura.

En resumen, el nivel de riesgo es el punto de referencia en el que las acciones caerán por debajo de las expectativas de un inversor, mientras que el nivel de ruptura es el punto donde se superan las expectativas de los inversores.

El patrón ABCD consta de cuatro puntos:

- A: La acción supera su máximo inicial y se e establece lo que se conoce como un "máximo entrada ". Este es el punto que determina el nivel de "ruptura".
- B: El stock luego registra una reducción y cae desde el nivel de ruptura. Aquí es donde las

acciones establecen lo que se conoce como un "mínimo intradía". Este punto bajo es lo que establece el "nivel de riesgo".

- C: La acción tiene un rebote rápido, pero de corta duración, y vuelve a caer cerca del nivel de riesgo.
- D: El stock luego despega nuevamente y supera el nivel de ruptura.

Como usted puede apreciar, la acción muestra un patrón en el cual hay picos y valles en la curva de precios de la acción. Esta tendencia producirá una línea irregular que es característica de este patrón. En última instancia, el inversor podría obtener ganancias cuando el precio de la acción alcance el punto "D".

La tendencia descrita anteriormente corresponde a un patrón alcista. Esto significa que la acción ha mostrado signos de tendencia al alza. Sin embargo, el patrón ABCD también puede mostrar señales de una tendencia bajista.

En esta tendencia, el patrón ABCD es lo opuesto al patrón alcista.

En el patrón bajista, cada uno de los puntos indica momentos de inflexión en la tendencia a la baja de la acción. Así, el patrón alcista indica el mejor momento para vender, mientras que el patrón bajista señala el mejor punto para comprar. En consecuencia, el patrón bajista puede ser utilizado para hacer seguimiento a una acción que usted busca comprar. Cuando la acción alcanzara el punto "D", ese sería el mejor momento para comprarla.

Entonces, en el patrón alcista, A es alto, B es bajo, C es bajo y D es alto. Cuando la acción llega a " D", es hora de vender.

En el patrón bajista, A es bajo, B es alto, C es alto y D es bajo. Cuando la acción llega a " D", es hora de comprar.

El patrón ABCD es un elemento básico de los traders a corto plazo que buscan movimientos intradía de las existencias.

Trading inverso

Los analistas observan de cerca el orden del mercado para determinar el punto en el que la tendencia que mantiene una acción se revertirá en la dirección opuesta. Por ejemplo, si una acción tiene una tendencia al alza, la reversión reflejará el punto en el cual esta comenzará la recesión. Del mismo modo, cuando una acción tiende a la baja, una reversión indicaría el punto en el que comenzará una tendencia al alza.

Los operadores y analistas vigilan de cerca los candlesticks de una acción para detectar una posible reversión. Dado que los candlesticks se refieren al rango entre los precios más bajos y más altos de una acción durante el día de trading, puede ser evidente una posible reversión.

Cuando se indica la posibilidad de una reversión, puede evaluarse el momento adecuado para ir largo o corto en una acción. Si un inversor mantiene una acción, puede optar por vender en la parte superior, es decir, al precio más alto de la acción justo antes que comience la tendencia a la baja.

Además, un inversor puede seguir de cerca el movimiento a la baja de la acción y comprar justo en la parte inferior, es decir, el punto más bajo de la tendencia justo antes que la acción se recupere. Este es un ejemplo clásico de la estrategia comprar bajo, vender alto.

Cuando un trader puede determinar posibles reversiones, tiene la posibilidad de poner una opción y comprar o vender, a un precio específico. Esto aseguraría que el operador no pierda cada uno de los puntos donde podría tener lugar la inversión.

Trading de promedio móvil

Un promedio móvil es una herramienta estadística que busca nivelar las fluctuaciones en un conjunto dado de dato para establecer la tendencia del precio de una acción.

Esta herramienta actualiza constantemente el precio promedio de una acción recalculando el precio promedio en puntos consistentes a través de la negociación. Al hacerlo, el modelo estadístico generado permite al inversor determinar la tendencia de una acción a lo largo del día, o incluso a más largo plazo, como semanas, meses o quizás años.

La estrategia de promedio móvil reduce las fluctuaciones en un conjunto determinado de datos. Entonces, si usted está siguiendo el comportamiento de una acción durante el último mes, podrá ver surgir una línea de tendencia. Esta línea de tendencia corta las fluctuaciones y deja una línea más plana que indicaría un alza, baja o cambio en la tendencia.

Los cálculos comunes a largo plazo se pueden expresar en un promedio móvil de 50 días, 100 días y 200 días. Cuando surgen tendencias a más largo plazo, el punto más bajo en el precio promedio de las acciones se llama "piso", es decir, el soporte para el precio de las acciones, mientras que el punto más alto en el promedio se llama "nivel de resistencia", es decir , el punto más alto.

Los pisos y los niveles de resistencia a menudo provocan órdenes automáticas de compra y venta. Estos son hitos psicológicos clave que los inversores utilizan para determinar el rendimiento general de una acción.

Trading de resistencia

Como se indicó en la sección anterior, los altibajos del promedio móvil para un stock, establecen lo que se conoce como el piso y el nivel de resistencia.

Ambos pisos y niveles de resistencia son barreras psicológicas que desencadenan órdenes de compra y venta. En este sentido, los inversores pueden optar por comprar opciones en un piso o nivel de resistencia determinado. Por eso, las acciones tienden a negociarse en un rango específico.

Entonces, cuando la acción está cerca del nivel de resistencia, vende órdenes y se dispara, esto empuja el precio a la baja. Por el contrario, cuando la acción se encuentra está cerca del piso mínimo, las órdenes de compra se activan y los precios de las acciones comienzan a subir de nuevo.

Para superar los niveles mínimos y de resistencia, los factores externos deben influir en la mentalidad de los inversores para que puedan decidir realizar operaciones más allá del nivel mínimo y de resistencia observado en el precio de una acción.

Desglose del rango de apertura

El rango de trading es una de las primeras estrategias en las cuales participan los inversores novatos. Esto se debe a que los rangos son fáciles de detectar. En este sentido, los inversores pueden detectar rápidamente cuando los precios caen fuera del rango como lo demuestran las tendencias recientes.

Los inversores pueden usar candlesticks o promedios móviles para determinar el rango de negociación de una acción. Por lo tanto, los comerciantes van a reaccionar a cualquier situación en la que el precio de un stock cae por debajo del piso o al nivel de resistencia.

Como se indicó anteriormente, los precios por debajo o por encima de los puntos altos y bajos activarán las órdenes del mercado. Sin embargo, una de las estrategias más útiles se llama ruptura del rango de apertura. Esta estrategia consiste en la adquisición de una acción cuando el precio de apertura cae por debajo del piso de la acción.

Este tipo de estrategia es un elemento básico de los traders diarios, ya que los traders abren sus posiciones todos los días. A menudo, las existencias se abren a niveles inferiores a los habituales. Esto permitiría a un comerciante obtener ganancias considerables cuando la acción se recupere.

Para establecer una ruptura del rango de apertura, debe realizarse un seguimiento de la tendencia de una acción hasta el cierre del mercado. Esa tendencia le permitirá descubrir si la acción se abrirá en un punto más bajo. Esta es una acción que no deberías perder de vista.

Trading de rojo a verde

Esta estrategia es otro elemento básico de los day traders. A diferencia de ruptura del rango de apertura, el trading de rojo a verde se centra en el cierre del día.

En esencia, esta estrategia consiste en realizar un seguimiento de una acción que ha sido negativa para el día y luego comprar justo al final del día de trading. Esto es posible ya que una acción que empieza en rojo y luego se mueve en verde durante todo el día recibirá un impulso en virtud de una afluencia de comerciantes que buscan hacer un poco de dinero justo al final del día.

Esta estrategia tiene que ver con el tiempo. Por lo tanto, es mejor establecer sus puntos de compra-venta para que pueda estar seguro de que no se perderá los cambios en el precio de las acciones. Además, esta estrategia le permitirá cerrar con seguridad al final de la jornada y tal vez hacer algo de dinero extra que no esperaba.

Análisis de datos en el trading

El análisis de datos es el núcleo de los comerciantes exitosos. Los day traders, en particular, viven y mueren por los números. Por lo tanto, si los movimientos de una acción son consistentes con ciertos parámetros establecidos en su estrategia de negociación, puede decidir comprar o vender. Eso viene con una gran comprensión de los datos relacionados con ese stock.

La buena noticia de todo esto es que la mayoría de los análisis de datos ya están hechos para usted. Por lo tanto, no necesitará mirar conjuntos de datos complejos y calcular los números usted mismo. En este sentido, hay una gran cantidad de fuentes con las que puede contar para proporcionarle datos y análisis confiables. A menudo, su cuenta de corretaje accederá a datos y análisis. En consecuencia, tendrá la opción de usar esa información para tomar decisiones comerciales inteligentes.

Análisis técnico en day trading

Al igual que el análisis de datos, el análisis técnico juega un papel clave en el trading.

El análisis técnico incluye cualquier tipo de análisis relacionado con la comprensión de la tendencia de una acción. Esto implica comprender datos estadísticos sobre el precio de la acción. Además, esto implica comprender la naturaleza de la propia empresa junto con el contexto económico en general.

El análisis técnico implica utilizar modelos estadísticos para establecer el comportamiento de tendencia de una acción, además de comprender el rango en el que se negocia. Existen varios instrumentos que pueden utilizarse para realizar un análisis técnico. Estas herramientas serán tratadas a profundidad en el siguiente capítulo.

El Capítulo 7 cubrió una serie de estrategias que se basan en el análisis técnico. Por lo tanto, es de vital importancia que todos los comerciantes se familiaricen con los diversos modelos estadísticos a su disposición. Al comprender cómo funcionan estos modelos, los inversores pueden obtener una comprensión clara de cómo funcionan los mercados financieros en función del análisis de los rangos de precios.

Sin embargo, los comerciantes también necesitan obtener una comprensión más amplia del mundo que los rodea. Esta comprensión más amplia abarca otros aspectos como la política, la macroeconomía, la economía del comportamiento, entre otros factores no estadísticos que pueden influir en la actitud de los inversores en un momento dado.

Por ejemplo, la inestabilidad política y la agitación causan estragos en las mentes de los inversores. Así, los inversores pueden estar más inclinados a ir a lo seguro, ya que las condiciones inciertas generalmente no conducen a resultados positivos.

Por otro lado, si un país ha publicado información positiva sobre su economía, el crecimiento del empleo, y los niveles de deuda, en consecuencia, los inversores tendrán más confianza en la inversión y elegirán para asignar más recursos a la negociación. Todos estos efectos psicológicos provienen de un análisis técnico de una serie de variables que entran en juego dentro de los mercados financieros.

Se recomienda encarecidamente que los inversores se familiaricen tanto como puedan con los aspectos técnicos de los mercados en los que están negociando y que estén muy conscientes de cada acción que se negocie. Esto implica investigación adicional. Sin embargo, la investigación positiva nunca es una pérdida de tiempo.

La línea de fondo

Esta expresión se refiere a la rentabilidad de una empresa. Como se indicó anteriormente, las finanzas de una empresa son esenciales para determinar si las acciones serán buscadas o descartadas por los inversores.

Sin embargo, el resultado final también se aplica a los inversores. La principal motivación para los inversores es ganar tanto dinero como sea posible. Por lo tanto, los inversores deben ser conscientes de la importancia que tiene el resultado final en sus decisiones. Esto significa que los inversores están allí para ganar. En consecuencia, las decisiones deben ser hechas en lo que será para su situación financiera. Esto implica eliminar las emociones de la ecuación.

Recuerde, cuando los inversores mantienen la cabeza fría, pueden usar mejor su criterio para tomar decisiones de inversión sólidas. Cuando los inversores se dejan guiar por sus emociones, se destinan al fracaso.

Capítulo 8: Estrategias avanzadas de trading

Hasta ahora, hemos discutido todo, desde conceptos básicos del mercado hasta el análisis de algunas estrategias comerciales probadas en batalla. Así, la información discutida ha sido diseñada para que su estrategia comercial despegue.

En este punto, hemos llegado a discutir estrategias avanzadas que le permitirán aprovechar al máximo su actividad comercial.

En este sentido, las estrategias comerciales sobre las cuales versa el capítulo son "avanzadas". Esto significa que dichas estrategias son utilizados por los inversores experimentados que han desarrollado una sólida comprensión de los mercados financieros, el trading y el análisis.

Una advertencia: las estrategias discutidas en este capítulo le permitirá sacar el máximo provecho de sus esfuerzos, pero no son recomendables para los inversores novatos. Se recomienda que intente implementar estas estrategias después tener experiencia y una sólida comprensión de cómo su estrategia de inversión se traduce en sus decisiones.

Brecha, dentro de la barra, estrategia de ruptura

Esta estrategia depende del análisis de las candlesticks. En este caso, las "barras" (velas) reflejan la tendencia del precio de una acción.

Dado que cada barra muestra el rango de precios de una acción, la barra inicial, también conocida como la " barra madre ", sirve como referencia para futuros intercambios. La barra madre establece los precios altos y bajos que determinarán la acción a tomar.

Basado en la barra madre, el siguiente punto de precio se llama "barra interior". La barra interior consiste en una nueva barra establecida dentro del rango de la barra madre. Como tal, la barra interior está literalmente "dentro" del rango de la barra madre. Esta estrategia permite a los operadores establecer puntos de compra y venta que reflejen el rango establecido por la barra madre.

Es importante tener en cuenta que las barras internas siempre tienen relación con la barra madre. Y dado que la barra madre es el reflejo de un rango dado dentro de un período de tiempo definido, esta se puede calcular en cualquier momento durante el día de trading.

El uso de barras dentro de una estrategia comercial debe incluirse dentro de la tendencia general del mercado. Por lo tanto, las barras interiores se pueden utilizar para comerciar de acuerdo con la tendencia del mercado. Esto se llama un "juego de ruptura".

Una jugada de ruptura ocurre cuando las barras internas operan en la dirección de la tendencia del mercado. Cuando el mercado tiene una tendencia al alza, las barras internas reflejarán una tendencia alcista en el rango de precios de mercado de una acción. Esta estrategia tiene sentido cuando la tendencia es clara, y hay muy poca volatilidad en el mercado.

Cuando los mercados muestran signos considerables de fluctuación o volatilidad, los inversores pueden optar por jugar de manera más conservadora y centrarse solo en la barra madre, dentro del comercio de barras.

Además, tenga en cuenta que esta estrategia se basa en una brecha. En otras palabras, esto es cuando una acción abre al día siguiente a un precio más alto que el precio de cierre del día anterior. La diferencia entre el precio final de cierre y el nuevo precio de apertura más alto se llama brecha.

Cuando las brechas son más grandes de lo esperado, los inversores pueden optar por mantener sus posiciones por más tiempo de lo normal. En el caso de un day trader, esto podría significar mantener una acción durante todo el día de trading.

Brecha, intento de relleno, ruptura

En este escenario, una acción ha subido desde el cierre del día anterior. La brecha en la apertura del nuevo día de negociación es lo que buscan los inversores con el fin de impulsar su estrategia de ruptura.

Sin embargo, cuando una acción pasa la brecha del precio de cierre del día anterior, la reducción en el precio se conoce como "relleno de brecha”. Cuando se llena la brecha, el precio de la acción generalmente está reaccionando a los niveles de resistencia.

Por ejemplo, una compañía que reportó ganancias más altas de lo esperado el día anterior puede experimentar una brecha en el próximo día de negociación. Pero dado que el precio de la acción cumple con un nivel de resistencia establecido por los inversores, puede "desvanecerse" a su máximo anterior. En este caso, se ha llenado el vacío.

Cuando los inversores intentan aprovechar las brechas, están "jugando la brecha".

Hay varias formas de jugar. La jugada más popular es acortar acciones. Cuando un inversor decide acortar una acción, está tratando de cubrir la brecha cuando se llena.

Se recomienda encarecidamente que los inversores tengan cuidado al observar el comportamiento de los precios al jugar la brecha antes de tomar una posición. Los inversores sin experiencia pueden optar por tomar una posición justo en la apertura del día de trading. Si bien puede existir la posibilidad de que el precio de la acción continúe aumentando, también existe la posibilidad de que el precio de la acción pueda revertirse y comenzar a llenar el vacío.

Aquí es donde los inversores inteligentes pueden jugar la brecha y ponerse en una posición cuando sienten que la acción ha vuelto a su punto más bajo.

La conclusión principal de jugar la brecha es que las transacciones siempre deben ir en la dirección del precio. Entonces, si el precio tiende a subir, entonces esa es la forma en que debería ir el comercio. Además, se recomienda encarecidamente que los inversores verifiquen de cerca el movimiento de las acciones para determinar cuándo podría comenzar a cubrirse la brecha. Este tipo de seguimiento puede requerir que un inversor verifique el precio cada 10 minutos.

Una vez que la bolsa ha llenado el vacío, puede ocurrir una ruptura cuando se activan posiciones de compra de los inversores, y la acción comienza a cobrar impulso. Por lo tanto, puede ser rentable colocar una opción de compra al comienzo del día de negociación y establecer una opción de venta cerca del final del día.

La brecha, la ruptura de la tarde

Bajo este enfoque, la brecha al comienzo del día de trading, es reflejo de la tendencia de esa acción el día anterior. Cuando la tendencia de la acción se revierte y comienza a llenarse el vacio, podrían dispararse las ordenes de stop-loss.

En el momento que la acción culmine de llenar la brecha, la mayoría de los inversores que jugaron la brecha, ya se han deshecho de la acción, dejando la acción para el trade dentro de su rango tradicional.

En este sentido, los inversores pueden optar por vigilar de cerca las candlesticksde esa acción. Si detectan que las velas tienden hacia arriba, el stock podría estar preparado para una ruptura por la tarde. En consecuencia, los inversores pueden esperar hacia el final del día de trading para tomar posiciones largas. Esto desencadenará la ruptura de la tarde.

Vale la pena señalar que los brotes de la tarde generalmente tienden a suceder cuando la causa de la brecha está relacionada con fundamentos sólidos.

Por ejemplo, una brecha podría ser causada por ganancias mejores de lo esperado. Esto sería una buena noticia para una empresa que había estado luchando en los últimos trimestres. Entonces, los inversores acuden en masa para obtener una parte de la acción. La brecha al alza es generada posteriormente por el comportamiento irracional por parte de algunos inversores.

Cuando los inversores institucionales comiencen a liquidar sus posiciones en esa acción, la brecha continuará llenándose. Los inversores pueden descartar inmediatamente la posibilidad de ganancias y parece poco probable que las acciones se recuperen y continúen cotizando dentro de su rango habitual.

Dadas las mismas circunstancias, una acción podría estar lista para una ruptura por la tarde si los inversores consideran las expectativas de ganancias como una señal de mejores cosas por venir. En este caso, el llenado de la brecha es una consecuencia lógica de las órdenes de venta desencadenadas por el nuevo punto alto en la acción. Si la acción sigue una tendencia al alza durante todo el día, podría fijarse un piso nuevo, y el nivel de resistencia pasa a ser mayor.

En este ejemplo, la acción puede muy bien exhibir un patrón ABCD y romper los niveles de resistencia al final del día de negociación. Por lo tanto, los inversores deben ser prudentes al establecer estos puntos de compra-venta de manera efectiva para evitar ser sorprendidos.

Patrón de retroceso de Fibonacci

Esta herramienta se utiliza como un análisis estadístico del precio de una acción. En resumen, se emplea en un intento de establecer el piso y el nivel de resistencia de un stock .

El patrón de retroceso de Fibonacci se basa en el famoso concepto matemático conocido como la secuencia de Fibonacci. Esta secuencia se compone de los siguientes números: 0, 1, 1, 2, 3, 5, 8, 13, 21, 34, 55, 89, 144 ... Básicamente, la secuencia consiste en comenzar con el número 0 y luego agregar el siguiente número con el número anterior para generar un dígito. Entonces, 0 es primero, y luego es seguido por 1. Estos dos números se suman, 0 + 1, para producir el siguiente dígito que es 1. El siguiente dígito es

1. Entonces, 1 + 1 = 2, y luego 1 + 2 = 3, 3 + 2 = 5 y así sucesivamente.

Así, este patrón de retroceso utiliza la secuencia de Fibonacci con el fin de producir las siguientes relaciones: 23,6%, 38,2%, 50%, 61,8% , y 100%. El ratio más común es 61.8%, ya que es el resultado de dividir un número con su número anterior. Por ejemplo, 21/34 = 0.6176 o 61.8%. Esta relación se mantiene con los números contenidos en toda la secuencia.

A continuación, se toman los puntos altos y bajos del precio de una acción, y los niveles se establecen en función de las relaciones de Fibonacci. Entonces, el nivel del 100% sería el punto más alto, mientras que el 0% sería el nivel más bajo absoluto en la tendencia de precios de esa acción.

Luego, se dibujan líneas para representar el nivel de 23.6%, nivel de 38.2%, nivel de 50% y nivel de 61.8%. Estos puntos se pueden usar para intentar establecer el piso y el nivel de resistencia de un stock. Por supuesto, no es infalible, pero el uso de esta secuencia ha demostrado ser útil para identificar tendencias generales.

Además, para que el patrón de retroceso de Fibonacci sea exitoso, deben utilizarse picos y valles principales para que el análisis tenga el resultado deseado. Vale decir que este análisis ha arrojado resultados bastante precisos en el transcurso de su uso en análisis de comercio de acciones. Los inversores harían bien en familiarizarse con esta secuencia para para establecer sus puntos de precio con precisión.

Separación, relleno, barra interior, ruptura

A lo largo de esta sección, hemos discutido el concepto de brecha. Ahora, vamos a ver en el concepto de brecha hacia abajo.

La brecha hacia abajo funciona de la misma manera que la brecha hacia arriba. La diferencia radica en que una brecha hacia abajo consiste en una situación en la que el precio de apertura de una acción es más bajo que el cierre del día anterior. De este modo, el precio ha bajado. Cuando la brecha comienza a llenarse, el precio de las acciones comienza a subir nuevamente a su rango de negociación habitual. Este tipo de comportamiento puede ser el resultado de un patrón ABCD que se extiende por dos días de negociación.

Las razones para una brecha de este tipo son numerosas. Consideremos un ejemplo:

Una empresa recibió un pronóstico negativo de ganancias. Los analistas pronostican que el informe de ganancias de esta compañía caerá por debajo de los niveles esperados. Como resultado, los inversores comenzaron a deshacerse de las acciones al final del día de negociación. Cuando los mercados abrieron al día siguiente, las acciones se vieron afectadas cuando el precio de cierre del día anterior activó posiciones de stop-loss.

Sin embargo, los inversores en última instancia consideran que estas ganancias inferiores a las esperadas no son más que un obstáculo en el camino. Por lo tanto, confían en que incluso si la compañía reporta ganancias inferiores a las esperadas, se recuperará en el próximo trimestre.

Así, los inversores comienzan a rastrear la barra interna de esta acción y configuran sus opciones de compra. Es bastante probable que este stock haya caído en un patrón ABCD. Entonces, la brecha a la baja podría haber sido el punto B. Ahora, la acción está preparada para un rebote.

Cuando llega el rebote, el stock se establece en ruptura a medida que el vacío comienza a llenarse. Una vez que la acción ha cerrado la brecha y alcanza el nivel de ruptura, una avalancha de compradores elige volver a la acción ya que han escuchado a analistas debatir que las ganancias inferiores a las esperadas no son más que un retroceso menor. En este punto, la acción tuvo una ruptura y tiene una tendencia más alta que antes.

El ejemplo anterior subraya cómo la psicología juega un papel fundamental en la determinación del establecimiento de los precios y cómo los inversores inexpertos seguirán la tendencia. Por lo tanto, resulta fundamental para los inversores mantener la cabeza fría, incluso cuando la mayoría de las personas se apresuran en volver a una acción después de su recuperación.

En este punto, hemos cubierto una gran cantidad de información sobre estrategias comerciales. Si se siente un poco abrumado, no le culpo. Sentí lo mismo cuando comencé a comerciar. Hay tanto para asimilar y tanta información para digerir. Así que le aconsejo tomar las cosas con calma.

Es por eso que las estrategias descritas en el capítulo 7 son ideales para los inversores que son nuevos en el juego. Las estrategias descritas en este capítulo son perfectas para inversores más experimentados. Cuando pueda combinar ambos, se convertirá en un inversionista inteligente que sabrá cómo reaccionar en todo momento. Al mantener sus decisiones de inversión basadas en el análisis técnico, usted será capaz de prepararse para el éxito y evitar

vitar caer en los problemas más comunes como la mayoría de los inversores. En última instancia, depende de usted hacer su tarea y aprovechar al máximo la información disponible.

Capítulo 9: Consejos para completar una trade exitoso

Bueno, estamos casi en la línea de llegada de este libro. Como ha llegado hasta aquí, ya ha digerido una cantidad considerable de información. Ahora está listo para comenzar su carrera comercial. Incluso si comienza en el extremo poco profundo del mercado, seguramente tendrá una ventaja sobre una gran cantidad de operadores que no tienen su nivel de conocimiento. En ese sentido, los inversores deben seguir creciendo y evolucionando junto con las condiciones del mercado. Este es un esfuerzo constante que dará sus frutos en el futuro.

En este capítulo, repasaremos algunos consejos y recomendaciones finales que debe tener en cuenta para aumentar sus posibilidades de realizar operaciones exitosas con mayor frecuencia. Si bien es cierto que no ganará todas las operaciones, puede reducir la probabilidad de perder al mejorar y desarrollar sus habilidades y conocimientos.

Entonces, pasemos a los siguientes consejos y recomendaciones para completar una operación exitosa.

Construir una lista de observación

Este es mi primer punto

La creación de una lista de observación lo ayudará a realizar un seguimiento de los stocks que son particularmente interesantes para usted. Esta lista debe contener las acciones que se han estado siguiendo para un determinado período de tiempo, pero no tienen un precio con el que usted se sienta cómodo.

Por lo tanto, crear una lista de observación con este tipo de acciones lo ayudará a visualizar las tendencias en el precio. Al visualizar estas tendencias, puede ver en qué dirección va el stock. Ya sea que la acción tenga una tendencia al alza o a la baja, podrá comprender hacia dónde se dirige y a qué precio le interesaría tomar una posición.

Además, puede crear listas de observación de acuerdo con una industria. Por ejemplo, podría estar interesado en seguir ciertas acciones tecnológicas que le atraigan. Puede observar las tendencias de las acciones individuales y luego comparar sus patrones. Este tipo de análisis le permitirá darse cuenta de lo bien que le está yendo a una acción sobre otra.

Otra razón para crear una lista de observación puede estar relacionada con un determinado evento cuya ocurrencia se espera. Por ejemplo, puede estar anticipando la temporada de ganancias. Dado que la referida temporada es un momento significativo, puede configurar su lista de observación y rastrear el movimiento de sus acciones preferidas hasta sus anuncios de ganancias.

La mayor ventaja de crear una lista de observación es que esta le permite reducir su campo de vista. Esto plantea una ventaja considerable en comparación con tener una visión amplia de todas las existencias. Al reducir su punto de vista, podrá aprovechar oportunidades específicas. Si tiene una visión demasiado amplia, puede perderse un intercambio potencialmente lucrativo.

Decidir sobre las existencias adecuadas para usted

Decidir sobre el stock "correcto" no es fácil.

A menudo, los inversores pueden centrarse en una acción o industria específica. Cuando esto sucede, los inversores obtienen una visión especial de una industria determinada. La referida visión permite a los inversores actuar tanto guiándose por la intuición como por los datos.

Además, la experiencia es un elemento clave para determinar cuál sería el mejor stock para usted. A través de ella desarrollará un don para un tipo específico de stock basado en la industria, el cambio de negocio o incluso basado en el equipo de gestión que dirige la empresa. .

Decidir qué acciones comprar también depende de la compresión de la información subyacente relacionada con esa compañía. Esto requiere una investigación adicional en una empresa individual. Como dije anteriormente, la investigación es fundamental para desarrollar una estrategia de inversión exitosa. Cuando comprenda la empresa en sí, y no solo los análisis basados en datos, puede obtener información especial sobre la dirección que tomará esta empresa.

Aliento a los inversores a conocer las personas que dirigen la empresa en la que desean comprar. A menudo, las empresas tienen éxito porque cuentan con el equipo de gestión adecuado al frente de la misma. Otras veces, cuando la situación de las empresas exitosas cambia, empeorando, la nueva administración toma el control.

Adicionalmente, la comprensión de la situación financiera de una empresa también le permitirá obtener una visión especial en cuanto a la dirección de la misma. Esto ocurre especialmente cuando las empresas tienen problemas de deuda. Si una compañía tiene buenas finanzas, entonces puede estar seguro de que el precio de sus acciones reflejará ese hecho. Por otro lado, una compañía con finanzas inestables tendrá precios de acciones igualmente inestables. Los inversores siempre desconfían de las empresas cuyas finanzas no reflejan una buena gestión y una dirección clara.

Es por eso que enfatizo la importancia de la investigación cada vez que surge el tema de elegir el stock adecuado. No tenga miedo de agregar varios nombres a su lista de observación. Su lista de observación será el lugar perfecto para comenzar a elegir las acciones adecuadas para usted.

Poner en marcha una estrategia de entrada y salida

Una de las reglas fundamentales en la inversión es saber cuándo salir.

Los inversores sin experiencia tienden a retener las acciones mucho más tiempo del que deberían. O, tienden a vender antes de lo que deberían. Es por eso que los inversores experimentados entienden la importancia de tener una estrategia de entrada y salida. Cuando nos referimos a las estrategias de entrada y salida, no necesariamente estamos hablando de dejar las inversiones por completo.

A lo que se refiere esta estrategia es a tener una visión clara sobre cuándo entrará y cuándo retrocederá y cerrará el día. Quizás la consideración más difícil con respecto a tener una estrategia de entrada y salida es saber el momento adecuado para comprar. Los inversores sin experiencia generalmente cometen el error de comprar un activo al precio más alto. Cuando ingresa a un activo en la parte superior o cerca de la parte superior, se está preparando para una decepción masiva. Cuando el precio de un activo alcanza su punto máximo, no tiene más remedio que bajar.

Anteriormente en este libro, discutimos lo importante que era evitar seguir a las multitudes. Cuando vea que los inversores acuden a una acción, un activo, un producto básico o cualquier otro instrumento financiero específico, lo más probable es que sea demasiado tarde. Cuando todos los inversores entran de una vez, aumentan el precio de cualquier activo dado. Esto crea un fenómeno psicológico por el cual los precios se inflan artificialmente debido a un comportamiento irracional. Los inversores veteranos sabrán que cuando otros inversores acuden a una inversión de su propiedad, es hora de vender y salir.

Además, las estrategias de salida se refieren a saber cuándo reducir sus pérdidas. Por supuesto, no deseamos tener pérdidas en ningún trading. Pero existe la posibilidad muy real que el resultado final sea una pérdida de vez en cuando y es por ello, que tener una estrategia de salida puede ser algo tan simple como el establecimiento de un punto de stop-loss. O bien, puede configurar una opción de venta en el punto de precio específico. Cuando las acciones que posee activan esta opción, estará en una buena posición para evitar sufrir pérdidas.

Otro punto: los inversores mantienen la cabeza fría en todo momento y saben cuándo es el momento de salir. Los inversores racionales pueden controlar sus emociones y evitar tomar decisiones de inversión imprudentes guiados por su ambición y avaricia fuera de control.

Compra de acciones deseadas

La consistencia es el elemento básico de los inversores exitosos. Ser coherente le permite trazar un rumbo y seguir ese camino de tal manera que no se desvíe de él. Ser consistente le permite desarrollar su propio estilo de inversión. Además, le permite especializarse en un sector o industria en particular. De hecho, la especialización en un tipo particular de instrumento financiero lo ayudará a obtener una ventaja sobre otros inversores.

Al cambiar de una inversión a otra, o de una industria a otra, solo se expone a riesgos innecesarios. El riesgo radica en tomar decisiones de inversión desacertadas debido a la ignorancia o tal vez a la falta de juicio.

Por lo tanto, ser coherente le permitirá encontrar el momento adecuado para comprar las acciones que usted realmente quiere comprar. Usted lograra mayor comprensión de esto, con la experiencia e investigación. En consecuencia, no solo obtendrá las acciones que desea, sino que también las obtendrá al precio que desee. Una característica crucial que debe mantener en este caso es la paciencia. Cuando esté buscando comprar acciones que realmente desee, tener una estrategia de entrada clara le permitirá obtener las acciones que desea al precio correcto. Al sucumbir a un comportamiento racional, puede terminar pagando de más por una acción que puede dejarlo con decepción y pérdidas potenciales.

Por lo tanto, cuando se propone adquirir una acción o capital que realmente desea, puede construir una estrategia clara de entrada y salida en torno a esa acción en particular. Puede comenzar estableciendo un precio en el que comprará. Eso puede convertirse en un gran comienzo para una operación exitosa.

Prestar atención al mercado hasta que se complete el trade.

Cuando se propone realizar un intercambio, es importante mantenerse en vigilia en todo momento. A menudo, los inversores suelen relajarse demasiado al tomar una posición en una acción específica. Si bajas la guardia, podrías perderte eventos inesperados que te expondrán a riesgos.

Esta es la razón por la cual los day traders tienen ventaja sobre otros tipos de inversores. Los day traders son conocidos para abrir y cerrar sus posiciones en el mismo día. Esta estrategia les permite reducir cualquier riesgo potencial que pueda ocurrir mientras están fuera.

El mismo principio se aplica a los inversores que se dedican a intercambios y no tienen en cuenta sus posiciones abiertas durante el día de negociación. He subrayado el hecho de que los mercados a menudo son impredecibles y volátiles. Así que, cualquier cosa puede suceder en cualquier momento del día. Al ignorar las posiciones abiertas, o simplemente relajarse demasiado, puede perderse desarrollos significativos durante el día de negociación. Eso también puede conducir a oportunidades perdidas.

Por supuesto, no quiero decir que un trader ni siquiera deba levantarse para ir al baño. Lo que quiero decir es que es importante que los inversores mantengan sus ojos y oídos abiertos en todo momento mientras se dedican a una actividad de trading. De hecho, incluso aconsejaría a los traders que cierren sus posiciones antes de salir a almorzar. Una vez más, los mercados son impredecibles y cualquier cosa puede suceder.

Además, si usted es un buen operador, puede configurar los puntos de compra y venta con mucha anticipación para que los puntos de precio automáticos permitan a los operadores concentrarse más en la acción que está sucediendo frente a ellos y no perder el enfoque al dejar de seguir los puntos de precio individuales.

Una vez que el trade se ha completado, y el dinero está en el banco, puede relajarse y disfrutar de la vida.

Venta de acciones al llegar a los puntos de salida originales

Cuando configura sus puntos de venta al comienzo de una operación, lo hace basándose en el hecho de que ha decidido un punto en el que se sienta cómodo con la venta. Cuando llegue a este punto, es mejor seguir adelante y vender. Siempre existe la tentación de mantener una acción un poco más con la esperanza de que el precio continúe subiendo. Así es como muchos inversores han paralizado sus ganancias.

Su objetivo debe ser alcanzar los puntos que ha identificado al comienzo de la operación. Siempre he dicho que es mejor llegar un día antes que tarde. Siempre existe el pensamiento de "qué pasaría si". Por ejemplo, "¿y si hubiera esperado un poco más? Quizás podría haber ganado más dinero con el trato". Sin embargo, esta es una posición peligrosa. Cuando sus existencias hayan alcanzado el punto de venta que haya determinado, es hora de salir.

Es por eso que sigo diciendo que es importante para los inversores mantener la cabeza fría. Cuando se dejan llevar por la codicia, el juicio se nubla, y se aferran a las acciones por más tiempo del que deberían. De hecho, debe vender en cualquier momento que esté ganando dinero con un acuerdo de acciones.

Si resulta que podría haber ganado más dinero con el acuerdo, le aconsejaría que regrese y determine qué fue lo que lo llevó a tomar la decisión de vender demasiado pronto. Esta retrospección le permitirá comprender qué podría haber salido mal y cómo abordarlo en futuros intercambios.

Reflexionando sobre trades y extrayendo lecciones aprendidas

Una de las mejores estrategias de inversión que he escuchado es llevar un diario. Los inversores que llevan un diario pueden realizar un seguimiento de sus intercambios y también realizar un seguimiento de sus pensamientos mientras realizaban esos intercambios. Este diario, o diario, se convierte en una crónica del proceso de pensamiento por el que ha pasado para llegar a las decisiones de inversión que ha tomado.

Si está equivocado y ha cometido errores, este diario le permitirá regresar y ver dónde se equivocó. Este no es un ejercicio de disección de fallas, más bien, es un ejercicio para mejorar sus estrategias de inversión.

Cuando se dé cuenta de los errores que ha cometido, el siguiente paso es descubrir la mejor manera de abordarlos, para que no vuelvan a suceder.

Una vez más, un diario es una excelente manera de relatar su proceso de pensamiento y cómo evalúa las transacciones de acciones. Puede obtener una gran cantidad de información de las lecciones aprendidas que ha extraído de las experiencias positivas y negativas.

Lo peor que puede hacer es continuar su estrategia comercial sin reflexionar adecuadamente sobre cómo puede mejorarla. El mejoramiento constante y la evolución son factores cruciales para convertirse en el mejor trader posible.

Algunos de los mejores inversores de la historia han aprendido de sus errores. De hecho, muchos inversores profesionales aprecian el fracaso en la medida en que les permite seguir aprendiendo y ganando experiencia, lo que los llevará por el camino hacia un mayor éxito.

Entonces, la próxima vez que algo salga mal, no tenga miedo de volver al inicio y preguntarse qué podría haber hecho mejor.

Búsqueda de información para futuros trades

La investigación es otro de los aspectos que he destacado a lo largo de este libro.

La investigación le permite descubrir el potencial de gemas ocultas que se encuentran en los mercados financieros. Además, la investigación le permitirá descubrir oportunidades potencialmente lucrativas que otros inversores podrían haber pasado por alto. De hecho, es bastante fácil pasar por alto posibles oportunidades cuando están enterradas bajo un flujo de datos aparentemente interminable.

Por supuesto, comprender e interpretar los datos es esencialmente ver el bosque a través de los árboles. Por ello, su prioridad debe ser tener acceso a tantas fuentes de información como sea posible. Al tener acceso a múltiples fuentes, puede obtener datos que una sola fuente no puede proporcionarle.

Incluso si su primera opción para la obtención de información es el servicio de datos y análisis que proporciona su cuenta de corretaje, siempre podría buscar fuentes de información adicionales. He sostenido que nunca se tiene demasiada información.

Otras veces, tener acceso a múltiples fuentes de información le permite cruzar datos. Al hacer referencias cruzadas de datos, puede asegurarse que la información en la que basa sus decisiones se procesó y verificó correctamente. Si por alguna razón las cosas no salen como se esperaba, siempre puede regresar y ver dónde esas fuentes de datos podrían haber mejorado los datos que le proporcionaron.

Realizar una investigación constante es una actitud proactiva que le permitirá visualizar hacia dónde se dirigen los mercados. Además, la investigación en curso le permitirá colocar una acción individual en el esquema más amplio de un mercado. Cuando puede ver cómo juega una acción individual en relación con un mercado completo, puede determinar si está obteniendo el máximo rendimiento de su mercad o si necesita mantenerse alejado de ese stock.

Automatizar procesos comerciales

El cerebro humano es una máquina increíble. De hecho, es tan valioso que tiene la capacidad de procesar grandes volúmenes de información al mismo tiempo. Sin embargo, el cerebro también puede abrumarse con los datos.

Todos los días, estamos constantemente bombardeados con información de fuentes aparentemente infinitas. El cerebro se vuelve experto en filtrar información que no necesita. De lo contrario, el cerebro acabaría con un desorden de información inútil.

Dicho esto, las plataformas de negociación en línea permiten a los day traders automatizar muchos de los procesos en los que participan a diario. Esta automatización reduce la fatiga en los traders. Por ejemplo, un inversor elegirá establecer sus puntos de compra y venta. Una vez que se han establecido esos puntos, el inversor puede relajarse y concentrarse en los eventos a medida que se desarrollan. Los puntos automáticos de compra y venta se activan cuando se alcanzan los parámetros fijados. Dado que este es un proceso automatizado, el inversor ha tomado una decisión con bastante anticipación. Si el inversor elige retroceder en su decisión, podría ser demasiado tarde ya que el sistema puede no permitir que regrese después de llegar a un punto específico.

También he expresado mantenerse alerta es importante. Por lo tanto, automatizar procesos no se trata de apartar la vista del objetivo. Más bien, la automatización de procesos consiste en reducir distracciones innecesarias. Las distracciones pueden resultar costosas ya que desvían la atención de las cosas realmente importantes. Así puede tomar una decisión y en el próximo hito que le espera.

Le animo a que eche un vistazo más profundo a cómo las herramientas a su disposición pueden permitirle automatizar tantos procesos como sea posible. Esto ayudará a liberar su mente para centrarse en la investigación y el aprendizaje.

La atención es un recurso escaso. De esta manera, debemos aprender a enfocar nuestra atención en las direcciones que nos llevarán a alcanzar nuestras metas.

Conclusión

¡Guauu! No puedo creer que este libro ya haya terminado. Parece que comenzamos la introducción hace unos momentos.

Pero solo porque el libro está llegando a su fin, no significa que su viaje como trader también lo esté. De hecho, solo está comenzando.

Me emociona ver que ha llegado hasta aquí porque significa que ha leído todo lo que esta guía tiene para ofrecer. De modo que, siento que ahora está listo para comenzar a hacer sus primeros intercambios.

Solo un par de recordatorios finales:

- Mantenga la calma. No deje que la emoción se apodere de usted.
- Manténgase enfocado. No aparte la vista del objetivo.
- Tome un descanso. No tenga miedo de desconectarse cuando lo necesite.
- Haga su tarea. Vale la pena mantenerse investigando.
- Juegue de forma segura. Pero también juegue para ganar.

Estos recordatorios se basan en lo que hago yo mismo. Creo en mantener la calma incluso cuando las cosas se tornan muy difíciles. Su enfoque le mantendrá en el camino correcto. Además, su motivación ganará impulso cuando comience a ver los frutos de su trabajo.

¡Tenga en cuenta que puede hacerlo!

No hay nada que lo detenga. Los mayores obstáculos que a superar están en su mente. Pero si realmente cree que puede lograrlo, lo hará. Todo se trata de tener la voluntad y determinación para sumergirse en el mundo del day trading. Le aseguro que al ver las primeras operaciones exitosas en su cuenta, recordará lo difícil que era el comienzo para usted pueda empezar, pero también verá la recompensa que puede obtener.

Lo mejor de todo es que estará bien encaminado hacia la libertad y seguridad financiera. Pronto comenzará a construir la vida que siempre ha deseado. Lo mejor de todo, es que será gracias a su propio trabajo duro y esfuerzo. Puede sentirse orgulloso de sí mismo, ya que se dispuso a hacer algo muy duro que muy pocos hacen y logró convertirlo en un éxito

Ya ha dado el primer paso. ¡Ahora es el momento de ponerse a trabajar!

Espero que haya disfrutado este libro. También espero que haya encontrado interesante y informativo. Por lo tanto, no olvide dejar comentarios. Otros lectores interesados apreciarán enormemente su honesta opinión. Además, servirá para ayudarme a continuar mejorando mi escritura y contenido.

Gracias de nuevo y nos vemos en una próxima oportunidad!

Finalmente, si encuentra este libro útil de todos modos, ¡siempre apreciamos una crítica sincera!

www.ingramcontent.com/pod-product-compliance
Lightning Source LLC
La Vergne TN
LVHW010201110925
820829LV00003B/55

* 9 7 8 1 8 0 0 6 0 0 4 1 6 *